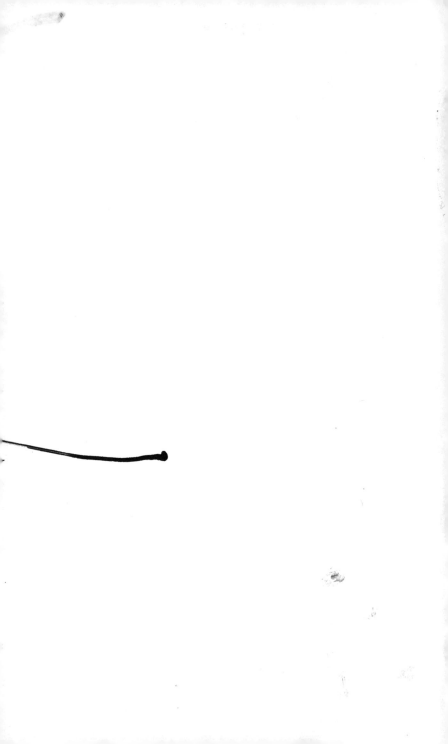

# El amor más grande

MADRE TERESA

# El amor más grande

Recopilado por Becky Benenate y Joseph Durepos

NEW WORLD LIBRARY

Novato, California

New World Library
14 Pamaron Way
Novato, CA 94949

Traducción: Amelia Brito A.
Diseño de funda: Big Fish
Foto: Michael Collopy
Redactor: Professor Richard P. Castillo

**Library of Congress Cataloging-in-Publication Data**

Teresa, Mother, 1910–1997
   [No Greater Love. Spanish]
   El amor más grande / recopilado por Becky Benenate y Joseph Durepos.
   p.   cm.
   ISBN 1-57731-037-3 (pbk. : alk. paper)
   1. Christian life—Catholic authors. 2. Spiritual life—Catholic Church.
   3. Catholic Church—Doctrines. 4. Missionairies of Charity.
   5. Teresa, Mother, 1910–1997. I. Benenate, Becky.
   II. Durepos, Joseph, 1955–  . III. Title.
   [BX2350.2.T46818     1998]
   248.4'82—dc21                    98-12330
                                                CIP

ISBN 1-57731-037-3
Impreso en el Canadá
Distribuido por Publishers Group West
10 9 8 7 6 5 4 3 2 1

Desde el momento en que el alma tiene la gracia de conocer a Dios, debe buscar.

MADRE TERESA

# CONTENIDO

∽∾

*No Greater Love* se publicó originalmente con el título *The Mother Teresa Reader, A Life for God,* con textos recopilados por LaVonne Neff. Esta nueva edición totalmente revisada ha sido puesta al día y recopilada por Becky Benenate y Joseph Durepos.

ᚬᚭ ᚭᚬ

# PRÓLOGO

La Madre Teresa ha cautivado la imaginación del mundo no por ser una gran escritora o teóloga, sino porque es una persona de inmensa compasión y sinceridad. Receptiva a su vocación, en un primer momento se vio inducida por sus dictados interiores a entrar en un convento, después a centrar el trabajo de su vida clara y exclusivamente en el servicio a los pobres y, más tarde, a fundar su propia comunidad religiosa. Dada su indefensión siente los sufrimientos del mundo, de los ancianos, de los niños y de todas las demás personas. Conoce de primera mano el significado de la empatía y aún más la profundidad de los sentimientos.

A través de las reflexiones personales publicadas

en este libro conoceremos los secretos de esta persona, de quien suele decirse que es pequeña en estatura pero grande en espíritu, dedicada a cuidar precisamente de aquellos a quienes el mundo en general descuida. Su particular tipo de cristianismo, su visión espiritual, los métodos de oración y la inspiradora figura de Jesús, le mantienen elevado, según dice, el ánimo y su ilimitada compasión.

Para el culto lector moderno podrían parecer ingenuas e innecesariamente abnegadas algunas de sus ideas y expresiones, sobre todo su piedad. Particularmente mientras leía sus pensamientos, mi memoria retrocedió a mis primeros años escolares, cuando las monjas me enseñaban a «mortificar el cuerpo y los sentidos». Pero no puedo negar que hay sabiduría en acallar el ajetreo de la vida y en obsesionarse menos por el yo, un hábito que a la Madre Teresa, por lo visto, la ha conducido a una vida vibrante en el mundo y al exquisito desarrollo de su personalidad. A la psicología moderna todavía le hace falta descubrir lo que han enseñado las religiones durante milenios: que la pérdida del yo conduce al descubrimiento del alma.

Cuando leo sus palabras trato de no considerarlas ingenuas sino algo muy complejo en un sentido bastante ajeno al gusto moderno. En lugar de evitar el sufrimiento, ella se relaciona íntimamente con él. En lugar de intentar heroicamente vencer la muerte, al estilo de la filosofía médica occidental, ella centra la atención en el estado anímico y afectivo de la persona y en el significado de los últimos momentos. Es extraordinariamente atenta, además, a los sentimientos de los niños, lo que en mi opinión es una señal evidente de que nos hallamos ante una persona profundamente iniciada en los modos del alma.

En la jerga psicológica actual, la intuición, el sentido de identidad y el trabajo con la propia vida son fundamentales en la tarea de llegar a ser uno mismo. Pero la Madre Teresa podría enseñarles unas cuantas cosas a los psicólogos en este sentido, con sólo explicarles la historia de una mujer que experimentó un profundo cambio como persona cuando, siguiendo su consejo, comenzó a usar vestidos menos caros. Bajo la sencilla fe y sinceridad de la Madre Teresa hay un sutil conocimiento de las motivaciones humanas.

La fe de la Madre Teresa, expresada con tanta

sinceridad en el lenguaje del amor y la oración, podría representar un obstáculo para algunos lectores. Impaciente, defensiva y proselitista, la religión gira diariamente en torno a nosotros hasta el punto de que muchas personas encuentran repugnante una religión institucional. A esos lectores yo les recomendaría que dejaran de lado ciertos significados literales e infantiles que tal vez les recuerden el lenguaje teológico y escuchen el desafiante mensaje que la Madre Teresa percibe en su fe. Puedo creer a un budista que me exhorta a ver la naturaleza de Buda en un animal, del mismo modo que me siento inspirado por la Madre Teresa a ver a Jesús en un moribundo o al cuerpo místico de Cristo en la comunidad de la humanidad.

Con demasiada frecuencia uno imagina y vive la religión como una actividad puramente espiritual, a veces como un ejercicio mental basado en la creencia y la explicación. En la vida y palabras de la Madre Teresa encontramos el alma de la religión, debido a que su fe es inseparable de su compasión, y su compasión no está nunca desconectada de su comportamiento. En una religión puramente es-piritual, el creyente puede profesar su credo en voz alta y con intolerancia; pero yo no veo mucho servicio a los pobres entre quienes desean que todos adoptemos sus creencias. Cuando la religión se convierte en gran medida actitudes espirituales mentales es posible que jamás se traduzca en actos compasivos para con la comunidad mundial.

Lo que falta en estas apasionadas palabras de la Madre Teresa es cualquier intento de convertirnos a sus creencias, ya que lo único que hace es explicarnos la firmeza de su fe y hablarnos de su trabajo con los pobres y los enfermos. Es evidente que sus historias no tienen la intención de convencernos, sino más bien de demostrar, simplemente, cómo los seres humanos experimentan una importante transformación y descubren su humanidad, dignidad y al menos una felicidad momentánea cuando se les da un poco de amor y de atención.

Muchas personas califican a la Madre Teresa de «santa viviente». Me gusta esta expresión. Necesitamos santos, y también algunas de las viejas palabras, como pecado, gracia, fe y maldad. En otro tiempo se podía reflexionar sobre las experiencias desde un punto de vista filosófico y teológico; actualmente hemos reducido todo análisis de nuestra situación a lo psicológico, lo sociológico y lo político. Estas formas de pensar reductoras otorgan mayor superficialidad a la experiencia, al mismo tiempo que dan la ilusión de que si lográramos ser completamente higiénicos nos libraríamos de nuestros problemas.

La Madre Teresa no habla ni trabaja dentro de un marco social y científico tan limitado. La oración y la devoción en las que encuentra sus valores y el trabajo de su vida, siguen siendo válidas para ella. Considerarla una santa podría hacernos pensar que su ejemplo es imposible de imitar, pero como queda expresado en este libro a través de sus reflexiones, todos podemos ser santos, con nuestras imperfecciones, locuras, y con la necesidad de confesar nuestros fallos cada día, pero aún así, dedicados a la comunidad de personas, sobre todo de aquellas que sufren, que forman nuestra familia, nuestro barrio y nuestro mundo.

THOMAS MOORE, autor de
*Cuidado del alma* y *Re-Enchantment of Everyday Life*

*El amor más grande*

*La oración*

*La oración está en todo, en todos los gestos.*

MADRE TERESA

*¿Por qué dormís? Levantaos y orad...*

JESÚS a sus discípulos dormidos en el huerto de

los Olivos

LUCAS, 22:46

No creo que haya nadie que necesite tanto la ayuda y la gracia de Dios como yo. A veces me siento impotente y débil. Creo que por eso Dios me utiliza. Puesto que no puedo fiarme de mis fuerzas, me fío de Él las veinticuatro horas del día. Y si el día tuviera más horas más necesitaría Su ayuda y la gracia. Todos debemos aferrarnos a Dios a través de la oración.

Mi secreto es muy sencillo: la oración. Mediante la oración me uno en el amor con Cristo. Comprendo que orarle es amarlo.

En realidad sólo hay una verdadera oración, una sola oración importante: el propio Cristo. Una sola voz que se eleva por encima de la Tierra: la voz de

Cristo. La oración perfecta no se compone de muchas palabras sino del fervor del deseo que eleva el corazón hacia Jesús.

Ama para orar. Siente la necesidad de orar con frecuencia durante el día. La oración agranda el corazón hasta que éste es capaz de contener el regalo de Dios de Sí Mismo. Pide, busca, y el corazón te crecerá lo suficiente para recibirlo y tenerlo como tuyo propio.

Deseamos con todas nuestras fuerzas orar bien y no lo conseguimos; entonces nos desalentamos y renunciamos. Para orar mejor hay que orar más. Dios permite el fracaso pero no le gusta el desaliento. Quiere que seamos más infantiles, más humildes, más agradecidos en la oración; que recordemos que todos pertenecemos al cuerpo místico de Cristo, que está siempre en oración.

Es necesario que nos ayudemos los unos a los otros con nuestras oraciones. Liberemos nuestra mente; no recitemos oraciones largas, sino cortas y llenas de amor. Oremos por aquellos que no oran. Tengamos presente que si queremos ser capaces de amar debemos orar.

La oración que procede de la mente y el corazón se llama oración mental. Nunca olvidemos que vamos rumbo a la perfección y que debemos aspirar a ella incesantemente. Para alcanzar ese objetivo, es necesario practicar cada día la oración mental. Dado que la oración es el aliento de vida para nuestra alma, la santidad es imposible sin ella.

Sólo mediante la oración mental y la lectura espiritual podemos cultivar el don de la oración. La simplicidad favorece enormemente la oración mental, es decir, olvidarse de sí misma trascendiendo el cuerpo y los sentidos y haciendo frecuentes aspiraciones que alimenten nuestra oración. San Juan Vianney dice: «Para practicar la oración mental cierra los ojos, cierra la boca y abre el corazón». En la oración vocal hablamos a Dios; en la mental Él nos habla a nosotros; se derrama sobre nosotros.

Nuestras oraciones deberían ser palabras ardientes que provinieran del horno de un corazón lleno de amor. En tus oraciones habla a Dios con gran reverencia y confianza. No te quedes remoloneando ni corras por delante; no grites ni guardes silencio, ofrécele tu alabanza con toda el alma y todo el corazón, con devoción, con mucha dulzura, con natural simplicidad y sin afectación.

Por una vez permitamos que el amor de Dios tome absoluta y total posesión de nuestro corazón; permitámosle que se convierta en nuestro corazón, como una segunda naturaleza; que nuestro corazón no permita la entrada a nada contrario, que se interese constantemente por aumentar su amor a Dios tratando de complacerlo en todas las cosas sin negarle nada; que acepte de Su mano todo lo que le ocurra; que tenga la firme determinación de no cometer jamás una falta deliberadamente y a sabiendas, y que si alguna vez la comete, sea humilde y vuelva a levantarse inmediatamente. Un corazón así orará sin cesar.

La gente está hambrienta de la Palabra de Dios para que les dé paz, unidad y alegría. Pero no se puede dar lo que no se tiene, por lo que es necesario intensificar la vida de oración.

Sé sincero en tus oraciones. La sinceridad es humildad, y ésta sólo se consigue aceptando las humillaciones. Todo lo que se ha dicho y hemos leído sobre la humildad no es suficiente para enseñarnos la humildad. La humildad sólo se aprende aceptando las humillaciones, a las que vamos a enfrentarnos durante toda la vida. Y la mayor de ellas es saber que uno no es nada. Este conocimiento se adquiere cuando uno se enfrenta a Dios en la oración.

Por lo general, una profunda y ferviente mirada a Cristo es la mejor oración: yo le miro y Él me mira. Y en el momento en que te encuentras con Él cara a cara adviertes sin poderlo evitar que no eres nada, que no tienes nada.

∞ ∞

Es difícil orar si no se sabe orar, pero hemos de ayudarnos. El primer paso es el silencio. No podemos ponernos directamente ante Dios si no practicamos el silencio interior y exterior.

El silencio interior es muy difícil de conseguir, pero hay que hacer el esfuerzo. En silencio encontraremos nueva energía y una unión verdadera. Tendremos la energía de Dios para hacer bien todas las cosas, así como la unidad de nuestros pensamientos con Sus pensamientos, de nuestras oraciones con Sus oraciones, la unidad de nuestros actos con Sus actos, de nuestra vida con Su vida. La unidad es el fruto de la oración, de la humildad, del amor.

Dios nos habla en el silencio del corazón. Si estás frente a Dios en oración y silencio, Él te hablará; entonces sabrás que no eres nada. Y sólo cuando comprendemos nuestra nada, nuestra vacuidad, Dios puede llenarnos de Sí mismo. Las almas de oración son almas de gran silencio.

El silencio nos da una nueva perspectiva acerca de todas las cosas. Necesitamos silencio para llegar a las almas. Lo esencial no es lo que decimos sino lo que Dios nos dice y lo que dice a través de nosotros. En ese silencio Él nos escucha; en ese silencio Él le habla al alma y en el silencio escuchamos Su voz.

Escucha en silencio, porque si tu corazón está lleno de otras cosas no podrás oír su voz. Ahora bien, cuando le hayas escuchado en la quietud de tu corazón, entonces tu corazón estará lleno de Él. Para esto se necesita mucho sacrificio, y si realmente queremos y deseamos orar hemos de estar dispuestos a hacerlo ahora. Estos sólo son los primeros pasos hacia la oración, pero si no nos decidimos a dar el primero con determinación, nunca llegaremos al último: la presencia de Dios.

Esto es lo que hemos aprendido desde el principio: a escuchar Su voz en nuestro corazón y a que en el silencio del corazón Él nos hable. Así, de la plenitud del corazón tendrá que hablar nuestra boca. Esa es la conexión. Dios habla en el silencio del corazón y uno ha de escucharlo. Después, de la plenitud del corazón, que está lleno de Dios, lleno de amor, lleno de compasión, lleno de fe, hablará la boca.

No hay que olvidar que antes de hablar es necesario escuchar; sólo así hablaremos a partir de la plenitud del corazón y entonces Dios nos escuchará.

Las personas contemplativas y los ascetas de todos los tiempos y religiones han buscado a Dios en el silencio y la soledad de los desiertos, selvas y montañas. El propio Jesús pasó cuarenta días en el desierto y en las montañas comulgando durante largas horas con su Padre en el silencio de la noche.

Nosotros también estamos llamados a retirarnos cada cierto tiempo para entrar en el silencio y la soledad más profunda con Dios. Juntos como comunidad o también individualmente como personas, para estar a solas con Él, alejados de nuestros libros, pensamientos y recuerdos, totalmente despojados de todo, para vivir amorosamente en Su presencia, silenciosos, vacíos, expectantes, inmóviles.

A Dios no lo podemos encontrar en medio del ruido y la agitación. En la naturaleza, los árboles, las flores y la hierba crecen en silencio; las estrellas, la luna y el sol se mueven en silencio. Lo esencial no es lo que decimos sino lo que Dios nos dice a nosotros y a través de nosotros. En el silencio Él nos escucha; en el silencio Él habla a nuestras almas. En el silencio se nos concede el privilegio de escuchar Su voz.

> Silencio de los ojos,
> silencio de los oídos,
> silencio de la boca,
> silencio de la mente.
> … en el silencio del corazón
> Dios habla.

Es necesario el silencio del corazón para poder oír a Dios en todas partes, en la puerta que se cierra, en la persona que nos necesita, en los pájaros que cantan, en las flores, en los animales.

Si cuidamos el silencio será fácil orar. En las historias y escritos hay demasiadas palabras, demasiada repetición, demasiada machaconería. Nuestra vida de oración sufre mucho porque nuestro corazón no está en silencio.

Guardaré el silencio de mi corazón con mayor cuidado para oír Sus palabras de consuelo en el silencio y para consolar a Jesús en su sufridor disfraz de pobre desde la plenitud de mi corazón.

∞ ∞

La verdadera oración es unión con Dios, unión tan esencial como la de la vid y los sarmientos, que es la imagen que nos ofrece Jesús en el evangelio de San Juan. Necesitamos la oración; necesitamos que esa unión produzca buenos frutos. Los frutos son lo que elaboramos con nuestras manos, ya sean alimentos, ropas, dinero u otra cosa. Todo eso es el fruto de nuestra unión con Dios. Necesitamos una vida de oración, de pobreza y de sacrificio para hacerlo con amor.

El sacrificio y la oración se complementan. No hay oración sin sacrificio ni sacrificio sin oración. Al pasar por este mundo, Jesús vivió en íntima unión con Su Padre. Es necesario que nosotros hagamos lo mismo. Caminemos a Su lado. Hemos de dar gracias a Cristo por utilizarnos, por ser Su palabra y Sus obras, por compartir Su alimento y Su ropa con el mundo actual.

Si no irradiamos la luz de Cristo a nuestro alrededor, aumentará la sensación de oscuridad que prevalece en el mundo.

Estamos llamados a amar el mundo. Dios lo amó tanto que le dio a Jesús. Hoy ama tanto al mundo que nos da a ti y a mí para que seamos Su amor, Su compasión y Su presencia, mediante una vida de oración, de sacrificio, de entrega a Él. La respuesta que te pide es que seas contemplativo.

Si creemos las palabras de Jesús, todos somos contemplativos en el corazón del mundo, porque si tenemos fe estamos continuamente en Su Presencia. Mediante la contemplación el alma extrae las gracias directamente del corazón de Dios, gracias que la vida activa debe distribuir. Nuestra vida ha de estar conectada con el Cristo que vive en nosotros. Si no se vive en la presencia de Dios no se puede continuar.

¿Qué es la contemplación? Vivir la vida de Jesús. Eso es lo que yo entiendo. Amar a Jesús, vivir Su vida en nosotros, vivir nuestra vida en la Suya. Eso es contemplación. Hemos de tener el corazón limpio para poder ver; nada de envidias, nada de rivalidad y, sobre todo, nada de dureza. Para mí la contemplación no es estar encerrada en un lugar oscuro sino permitir que Jesús viva Su pasión, Su amor, Su humildad, orando con nosotros y santificando a través de nosotros.

Nuestra contemplación es nuestra vida. No es cuestión de hacer sino de ser. Es la posesión de nuestro espíritu por el Espíritu Santo que nos insufla la plenitud de Dios y nos envía a transmitir a toda la creación Su mensaje personal de amor.

No perdamos el tiempo buscando experiencias extraordinarias en nuestra vida de contemplación, y vivamos por la pura fe, siempre vigilantes y dispuestos para su venida cumpliendo nuestros deberes cotidianos con extraordinario amor y devoción.

Dicho de una manera sencilla, nuestra vida de contemplación es comprender la presencia constante de Dios y Su tierno amor por nosotros en las cosas más insignificantes de la vida. Estar siempre disponibles para Él, amarlo con todo el corazón, toda la mente y todas nuestras fuerzas, sea cual sea la forma como se nos presente. ¿Se dirigen tu corazón y tu mente a Jesús tan pronto como te despiertas por la mañana? Eso es oración, volver la mente y el corazón hacia Dios.

La oración es la vida misma de la unidad, de ser uno con Cristo. Por lo tanto, la oración es tan necesaria como el aire, como la sangre del cuerpo, como todo, para mantenernos vivos en la gracia de Dios. Orar con generosidad no es suficiente; hemos de orar con devoción, con fervor y piedad. Hemos de orar con perseverancia y gran amor. Si no oramos, nuestra presencia y nuestras palabras no tendrán ningún poder.

Necesitamos oraciones para realizar mejor la obra de Dios, para saber el modo de estar en todo momento y totalmente a Su disposición.

Deberíamos esforzarnos por caminar en presencia de Dios, verle en todas las personas con las que nos encontramos, vivir nuestra oración a lo largo del día.

El conocimiento de nosotros mismos nos hace arrodillarnos, y eso es muy necesario para amar. Porque el conocimiento de Dios produce amor, y el conocimiento propio, humildad. San Agustín dijo: «Llenaos primero vosotros; sólo entonces podréis dar a los demás».

Conocerse es también una protección contra el orgullo, sobre todo cuando se presentan tentaciones en la vida. El mayor error es pensar que uno es demasiado fuerte para caer en la tentación. Pon la mano en el fuego y te quemarás. Así tenemos que pasar por el fuego. Las tentaciones son permitidas por Dios. Lo único que tenemos que hacer es negarnos a ceder.

ᘯ ᘯ

Para que sea fructífera, la oración ha de proceder del corazón y ser capaz de tocar el corazón de Dios. Veamos cómo Jesús enseñó a orar a sus discípulos. Yo creo que cada vez que decimos «Padre Nuestro», Dios se mira las manos, donde nos tiene grabados. («He aquí que te tengo grabada sobre las palmas de las manos, [Sión]». Isaías 49:16.) Se mira las manos y nos ve allí. ¡Qué maravillosa es la ternura y el amor de Dios!

Si rezamos el Padre Nuestro y lo vivimos, seremos santos. Todo está ahí: Dios, yo misma, mi prójimo. Si perdono, podré ser santa y orar. Todo esto procede de un corazón humilde, y si lo tenemos conoceremos la manera de amar a Dios, de amarnos a nosotros mismos y amar a nuestro prójimo. No es nada complicado, y sin embargo nos complicamos muchísimo la vida, con tantas adicciones. Sólo una cosa importa: ser humildes y orar. Cuanto más oremos, mejor oraremos.

Un niño no tiene ninguna dificultad a la hora de expresar lo que pasa por su mente pequeña con palabras sencillas llenas de significado. Como Jesús le dijo a Nicodemo, hemos de ser como niños. Si oramos el evangelio permitimos que Cristo crezca en nosotros. Así pues, oremos como ellos, con fervoroso deseo de amar mucho y de hacer que se sienta amada la persona que no lo es.

Todas nuestras palabras no tendrán efecto a menos que salgan de dentro. Las palabras que no aumentan la luz de Cristo aumentan la oscuridad. Actualmente, más que nunca, necesitamos orar por la luz para conocer la voluntad de Dios, por el amor para aceptar Su voluntad y por el modo de hacer la voluntad de Dios.

∞∞

*Para mí orar significa dar un salto de corazón hacia Dios; un grito de amor agradecido desde la cima de la alegría o desde el fondo de la desesperación; es una fuerza inmensa, sobrenatural que me abre el corazón y me une a Jesús.*

SANTA TERESA DE LISIEUX

*Por lo tanto os digo: todo cuanto orando pidiereis, creed que lo recibiréis y se os dará.*

JESÚS, en Marcos 11:24

*El amor*

*Amémonos los unos a los otros como Dios nos ama a todos, con un amor intenso y particular.*

*Seamos amables los unos con los otros: Es mejor cometer faltas con amabilidad que hacer milagros con falta de ella.*

MADRE TERESA

*En esto conocerán todos que sois mis discípulos: si os tenéis amor los unos a los otros.*

JESÚS, Juan 13:35

Jesús vino a este mundo para una finalidad. Vino a darnos la buena nueva de que Dios nos ama, de que Dios es amor, de que te ama a ti y me ama a mí. Pero, ¿cómo nos amó Jesús? Pues dando su Vida por nosotros.

Dios nos ama con tierno amor. Eso es lo único que vino a enseñar Jesús: la ternura del amor de Dios. «Yo te llamé por tu nombre y tú me perteneces» (Isaías, 43:1).

El evangelio es muy, muy sencillo. ¿Me amas? Cumple mis mandamientos. Se mueve y gira sólo para llegar a un fin: amaos los unos a los otros.

«Amarás al Señor tu Dios con todo tu corazón, con toda tu alma y con toda tu mente» (Deuteronomio 6:5). Este es el mandamiento de nuestro gran Dios y él no puede mandar lo imposible. El amor es un fruto, maduro en todo momento y al alcance de todas las manos. Cualquiera puede cogerlo y no hay fijado ningún límite.

Todos podemos llegar a ese amor mediante la meditación, el espíritu de oración y sacrificio, y por una intensa vida interior. No creas que para ser auténtico el amor tiene que ser extraordinario.

Lo que necesitamos es amar sin cansarnos. ¿Cómo arde una lámpara? Gracias al continuo alimento de pequeñas gotas de aceite. ¿Qué son esas gotas de aceite en nuestras lámparas? Son las pequeñas cosas de la vida cotidiana: fe, palabras de amabilidad, pensar en los demás, nuestra manera de estar en silencio, de mirar, de hablar y de actuar. No busquéis a Jesús fuera de vosotros. Él no está fuera, está dentro de cada uno. Mantened la llama de vuestra lámpara encendida y Lo reconoceréis.

Las palabras de Jesús «Amaos como yo os he amado, los unos a los otros» no sólo deberán iluminarnos sino también ser una llama que consuma el egoísmo que impide el crecimiento de la santidad. Jesús «nos amó hasta el final», hasta el límite mismo del amor: la cruz. Este amor debe provenir de dentro, de nuestra unión con Cristo. Amar debe ser para nosotros algo tan normal como vivir y respirar día tras día hasta la muerte.

ꙮ ꙮ

He experimentado muchas debilidades humanas, muchas flaquezas, y continúo experimentándolas. Pero es necesario que las aprovechemos. Necesitamos trabajar por Cristo con un corazón humilde, con la humildad de Cristo. Él nos utiliza para que seamos Su amor y compasión en el mundo a pesar de nuestras debilidades y flaquezas.

Un día recogí a un hombre de la calle; tenía el cuerpo cubierto de gusanos. Lo llevé a nuestra casa. Ni maldijo ni culpó a nadie de su situación. Simplemente dijo: «He vivido como un animal en la calle, pero voy a morir como un ángel, ¡amado y atendido!». Tardamos tres horas en limpiarlo. Finalmente, el hombre levantó la vista hacia la hermana y dijo: «Me voy a casa a ver a Dios». Y dicho esto murió. Jamás he visto una sonrisa tan radiante como la de aquel hombre. Se fue a casa a ver a Dios. ¡Qué cosas puede hacer el amor! Es posible que la joven hermana no se diera cuenta en esos momentos, pero estaba tocando el cuerpo de Cristo. Es lo que quiso dar a entender Jesús cuando dijo: «Cuantas veces hicisteis eso a uno de estos mis hermanos menores, a mí me lo hicisteis» (Mateo 25:40). Y ahí es donde tú y yo entramos en el plan de Dios.

Comprendamos la ternura del amor de Dios. Porque Él dice en las escrituras: «¿Puede una madre olvidarse y no compadecerse del hijo de sus entrañas? Aunque ella se olvidara, Yo no te olvidaría. He aquí que te tengo grabada sobre las palmas de las manos» (Isaías 49:15-16). Cuando nos sintamos solos, cuando no nos sintamos amados, cuando nos sintamos enfermos y olvidados, recordemos que somos algo muy preciado para Él. Él nos ama. Demostrémonos ese amor los unos a los otros, porque eso fue lo único que vino a enseñarnos Jesús.

Recuerdo a una madre que tenía doce hijos, la menor terriblemente mutilada. Me es imposible describir a esa criatura. Me ofrecí para internar a la niña en nuestra casa, donde hay otros muchos niños en condiciones semejantes. Pero aquella mujer empezó a protestar:

—Por Dios santo, madre, no me diga eso. Esta criatura es el mayor regalo de Dios para mí y mi familia. Todo nuestro amor está centrado ella. Nuestras vidas estarían vacías si nos la quitara.

El amor de esa mujer rebosaba comprensión y ternura. Pero, ¿sentimos un amor así en la actualidad? ¿Comprendemos que nuestro hijo, marido, esposa, padre, madre, hermana o hermano, tienen necesidad de esa comprensión, del calor de nuestra mano?

Un día, en Venezuela fui a visitar a una familia para agradecerles un cordero que nos habían regalado. Jamás olvidaré esa visita. Tenían un niño horriblemente tullido. Le pregunté a la madre cómo se llamaba. Ella me dio una bella respuesta:

—Lo llamamos «maestro del amor» porque vive enseñándonos la manera de amar. Todo lo que hacemos por él es la expresión de nuestro amor por Dios.

Somos muy valiosos a los ojos de Dios. Jamás me canso de repetir una y otra vez que Dios nos ama. Es algo maravilloso que el propio Dios me ame tiernamente. Por eso debemos tener valor, alegría y la convicción de que nada puede separarnos del amor de Cristo.

∽∾

Creo que con demasiada frecuencia sólo nos fijamos en el aspecto negativo de la vida, en lo que está mal. Si estuviéramos más dispuestos a ver lo bueno y las cosas hermosas que nos rodean podríamos transformar a nuestras familias, y a partir de ahí cambiar a nuestros vecinos, y después a quienes viven en nuestro barrio o ciudad. Podríamos traer la paz y el amor a nuestro mundo, que está hambriento de esas cosas.

Si en realidad queremos conquistar el mundo no podemos hacerlo con bombas ni otras armas de destrucción. Conquistémoslo con nuestro amor. Entretejamos nuestras vidas con vínculos de sacrificio y amor y así nos será posible conquistar el mundo.

No necesitamos hacer grandes cosas para demostrar un gran amor a Dios y a nuestro prójimo. Es la intensidad del amor que ponemos en nuestros gestos lo que los hace hermosos a los ojos de Dios.

La paz y la guerra comienzan en casa. Si de verdad queremos paz para el mundo, comencemos por amarnos mutuamente dentro de nuestras familias. A veces nos cuesta sonreírnos los unos a los otros. Al marido suele resultarle difícil sonreírle a su esposa y a la esposa sonreírle a su marido.

Para que el amor sea auténtico tiene que ser por encima de todo un amor por nuestro prójimo. Debemos amar a quienes tenemos más cerca, en nuestra propia familia. A partir de ahí el amor se extiende hacia quien quiera que nos necesite.

Es fácil amar a aquellos que viven muy lejos; pero no siempre es fácil amar a los que tenemos cerca. Es más fácil ofrecer un plato de arroz para saciar el hambre de una persona necesitada que consolar la soledad y angustia de una persona de nuestra misma casa que no se siente amada.

Quiero que vayas a buscar a los pobres de tu propia casa, ya que el amor tiene que comenzar ahí. Quiero que seas la buena nueva para todas las personas que te rodean. Que te preocupes del prójimo que tienes en la casa de al lado. ¿Sabes quién es tu vecino?

El verdadero amor es aquel que nos causa dolor, que duele, y a la vez nos da alegría. Por eso hemos de orar a Dios y pedirle que nos dé el valor de amar.

De la abundancia del corazón habla la boca. Si tienes el corazón rebosante de amor, hablarás de amor. Quiero que llenéis vuestros corazones de inmenso amor. No penséis que para que el amor sea verdadero y ardiente debe ser extraordinario. No, lo que necesitamos en el amor es el deseo continuo de amar a Aquél que amamos.

Un día me encontré a una mujer ardiendo de fiebre en medio de la basura. Estaba agonizando y no paraba de repetir:

—¡Fue mi hijo el que lo hizo!

La cogí en brazos y la llevé al convento. Mientras la trasladaba la insté para que perdonara a su hijo. Tardé un buen rato en oírla decir:

—Sí, lo perdono.

Lo dijo con un sentimiento de verdadero perdón, justo en el momento de morir. La mujer no se daba cuenta de su sufrimiento, de que estaba ardiendo de fiebre, de que agonizaba. Lo que le rompía el corazón era la falta de amor de su hijo.

Las almas santas a veces experimentan grandes pruebas interiores y conocen la oscuridad. Pero si deseamos que los demás conozcan la presencia de Jesús hemos de ser los primeros convencidos de ella.

Hay miles de personas a las que les encantaría tener lo que tenemos nosotros, y sin embargo Dios nos ha elegido para estar donde estamos ahora y compartir la alegría de amar a otros. Desea que nos amemos y nos demos los unos a los otros hasta que nos duela. No importa cuánto damos, lo que importa es cuánto amor ponemos en lo que damos.

Según las palabras de nuestro Santo Padre, debemos ser capaces de «limpiar lo que está sucio, de calentar lo que está tibio, de fortalecer lo que está débil y de iluminar lo que está oscuro». No debemos tener miedo de proclamar el amor de Cristo ni de amar como Él nos amó.

Donde está Dios hay amor, y donde hay amor siempre hay una apertura a servir. El mundo tiene hambre de Dios.

Cuando todos veamos a Dios en la otra persona, nos amaremos los unos a los otros como Él nos ama a todos. Ése es el cumplimiento de la ley de amarnos los unos a los otros. Eso es lo único que vino a enseñarnos Jesús: que Dios nos ama y que desea que nos amemos los unos a los otros como Él nos ama.

No olvidemos que hemos sido creados para grandes cosas, no sólo para ser un número en el mundo ni para obtener diplomas y títulos o buscar este y ese otro trabajo. Hemos sido creados para amar y ser amados.

∞ ∞

Seamos siempre fieles en las cosas pequeñas, porque en ellas está nuestra fuerza. Para Dios nada es pequeño. Él no puede hacer nada pequeño, todas las cosas son infinitas. Practica la fidelidad en las cosas más insignificantes, no por ellas mismas sino por la grandeza que es la voluntad de Dios, que yo respeto muchísimo.

No busquéis hacer obras espectaculares. Deliberadamente hemos de renunciar a todo deseo de ver el fruto de nuestro trabajo. Hacedlo todo lo mejor que podáis y dejad el resto en manos de Dios. Lo que importa es el regalo de nuestro yo, el grado de amor que ponemos en cada uno de nuestros actos.

No os dejéis desanimar por ningún fracaso mientras lo hayáis hecho lo mejor posible. Tampoco os gloriéis de vuestros éxitos y atribuidlo todo a Dios con profunda gratitud.

Si os sentís desanimados, eso es señal de orgullo porque demuestra que habéis puesto la confianza en vuestro poder. Jamás os preocupéis de las opiniones de los demás. Sed humildes y no seréis molestados. El Señor me ha querido aquí y aquí estoy. Él dará la solución.

Cuando atendemos a los enfermos y desamparados lo que tocamos es el cuerpo sufriente de Cristo, y ese contacto nos hace heroicos; nos hace olvidar la repugnancia y nuestras tendencias naturales. Necesitamos los ojos de la fe profunda para ver a Cristo en el cuerpo desgarrado y las ropas sucias bajo las cuales se esconde el más hermoso entre los hijos de los hombres. Necesitaremos las manos de Cristo para tocar esos cuerpos heridos por el dolor y el sufrimiento. El amor intenso no mide, sólo da.

∞ ∞

Nuestras obras de caridad no son otra cosa que el amor de Dios que se derrama desde el interior.

La caridad es como una llama viva: cuanto más puro el combustible, más viva la llama. De igual manera, cuando tenemos el corazón desprendido de toda causa terrena nos entregamos al servicio desinteresado. El amor de Dios debe inducirnos a ser del todo serviciales. Cuanto más desagradable es el trabajo, mayor debe ser el amor, ya que supone socorrer al Señor disfrazado con los harapos de los pobres.

Para que sea fructífera, la caridad debe costarnos un esfuerzo. En realidad oímos hablar mucho de caridad pero nunca la consideramos en toda su importancia: Dios dio al mandamiento de amar a nuestro prójimo la misma importancia que al primero.

Para ser capaces de amar necesitamos tener fe, porque la fe es el amor puesto en obras; y por lo tanto, servicio. Para ser capaces de amar hemos de ver y tocar. La fe puesta en obras mediante la oración, la fe puesta en obras mediante el servicio; ambas cosas son lo mismo, el mismo amor, la misma compasión.

Han transcurrido algunos años, pero jamás olvidaré a una chica francesa que vino a Calcuta. Estaba muy angustiada. Se puso a trabajar en nuestra casa para indigentes moribundos. Al cabo de diez días vino a verme. Me abrazó y me dijo:

—¡He encontrado a Jesús!

Le pregunté dónde lo había encontrado.

—En la casa para indigentes moribundos.

—¿Y qué hiciste después de encontrarlo?

—Fui a confesarme y tomé la sagrada comunión por primera vez después de quince años.

—¿Y qué más hiciste?

—Envié un telegrama a mis padres diciéndoles que había encontrado a Jesús.

Yo la miré a los ojos y le dije:

—Bueno, ahora haz tus maletas y vuelve a tu casa. Ve y dales a tus padres alegría, amor y paz.

Volvió a casa radiante de alegría porque su corazón estaba lleno de dicha. ¡Y qué alegría llevó a su familia! ¿Por qué? Pues porque había perdido la inocencia de su juventud y la había vuelto a recuperar.

A Dios le gusta el dador alegre. La mejor manera de expresar gratitud a Dios y a las personas es aceptarlo todo con alegría. Un corazón dichoso es la consecuencia normal del corazón ardiente de amor. La alegría es fuerza. Los pobres se sienten atraídos hacia Jesús porque en Él reside y de Él emana un poder superior, de Sus ojos, de Sus manos, de Su cuerpo; un poder totalmente entregado a Dios y a los hombres.

No permitamos que nada nos perturbe, nos aflija o nos desaliente tanto como para que nos haga olvidar la alegría de la resurrección. En el servicio a Dios y a las almas la alegría no es solamente cuestión de temperamento; es siempre difícil. Con más razón aún debemos tratar de adquirirla y de hacerla crecer en nuestros corazones. Quizá no podamos dar mucho, pero siempre podemos dar la alegría que brota de un corazón enamorado de Dios.

En todo el mundo la gente está hambrienta y sedienta del amor de Dios. Satisfacemos esa hambre derramando alegría. La alegría es una de las mejores protecciones contra la tentación. Jesús puede tomar posesión total de nuestra alma sólo si se la entregamos alegremente.

⊚⊚

Una vez alguien me preguntó:

—¿Está casada?

—Sí, y a veces me resulta muy difícil sonreírle a Jesús porque sabe ser muy exigente.

Dios está dentro de mí con una presencia más íntima que aquella por la cual estoy yo en mí misma: «En él vivimos y nos movemos y existimos» (Hechos 17:28). Es Él quien le da la vida a todo, quien da poder y ser a todo lo que existe. Sin su presencia sustentadora todas las cosas dejarían de existir y volverían a la nada. Pensemos que estamos en Dios, rodeados y abrazados por Él, nadando en Él. El amor de Dios es infinito. Con Dios nada es imposible.

∞

*Al final de nuestra vida seremos juzgados por el amor.*

San Juan de la Cruz

*Porque tanto amó Dios al mundo que le dio a su Hijo unigénito, para que todo el que crea en Él no perezca, sino que tenga la vida eterna.*

Jesús, Juan 3:16

*El dar*

*Dad vuestras manos para servir y vuestros corazones*
*para amar.*

MADRE TERESA

*En verdad os digo que esta pobre viuda ha echado*
*más que todos cuantos echan en el tesoro, pues todos*
*echan de lo que les sobra, pero ésta de su indigencia*
*ha echado cuanto tenía...*

JESÚS, Marcos 12:43-44

Os contaré una historia. Una noche vino un hombre a nuestra casa y me dijo:

—Hay una familia con ocho hijos y hace días que no comen.

Cogí un poco de comida y fui a visitarlos. Cuando llegué a su casa vi las caritas de esos niños pequeños desfiguradas por el hambre. No había aflicción ni tristeza en ellas sino simplemente el profundo dolor del hambre. Le entregué el arroz a la madre. Ella lo dividió en dos porciones y salió un momento llevándose la mitad. Cuando volvió le pregunté:

—¿A dónde ha ido?

—A casa de mis vecinos; también tienen hambre.

Lo que me sorprendió no fue que se lo diera,

porque las personas pobres son muy generosas, sino que supiera que tenían hambre. Por lo general cuando estamos sufriendo nos centramos tanto en nosotros mismos que no tenemos tiempo para los demás.

∞ ∞

En Calcuta contamos con un buen número de personas cristianas y no cristianas que trabajan juntas en la casa de los moribundos y en otras. También hay personas que se ofrecen para cuidar a los leprosos. Un día vino un australiano para hacer una importante donación, y después de darme el dinero me dijo:

—Esto es algo externo. Ahora deseo dar algo de mí mismo.

Actualmente viene con regularidad a la casa de los moribundos a afeitar a los enfermos y a conversar con ellos. Este hombre no sólo da su dinero sino también su tiempo. Podría gastárselo en sí mismo, pero lo que desea es darse a sí mismo.

Muchas veces pido regalos que nada tienen que ver con el dinero. Siempre hay cosas que se pueden obtener. Lo que deseo es la presencia del donante,

Sylmar Branch
6/26/2019          7:08:45 PM

- PATRON RECEIPT -
- CHARGES -

1:  Item Number: 37244234085927
Title: Un curso de milagros (faÌ cil) : claves pa
**Due Date: 7/17/2019**

2:  Item Number: 37244219788404
Title. El amor maÌ s grande /
**Due Date: 7/17/2019**

To Renew: www.lapl.org or 888-577-5275

Celebrate LGBT Pride Month
https://www.lapl.org/lgbt

--Please retain this slip as your receipt--

que esa persona toque a quienes da, que les sonría, que les preste atención.

Si nuestros pobres mueren de hambre no es porque Dios no se preocupe de ellos sino más bien porque ni tú ni yo somos lo suficientemente generosos; porque no somos instrumentos de amor en las manos de Dios. No reconocemos a Cristo cuando se nos presenta una y otra vez en la forma de un hombre hambriento, una mujer sola, un niño que busca un lugar para calentarse.

A veces los ricos parecen muy dispuestos a compartir su riqueza a su manera, pero es una lástima que nunca den hasta el punto de sentir que son ellos los que necesitan. Las generaciones actuales, sobre todo los niños, lo entienden mejor. Hay niños ingleses que se sacrifican para poder ofrecer panecillos dulces a nuestros niños. Hay niños daneses que se sacrifican para ofrecer a otros niños un vaso de leche cada día. Y niños alemanes que hacen lo mismo para ofrecer a los pobres alimentos enriquecidos. Estas son maneras concretas de enseñar el amor. Cuando estos niños crezcan sabrán lo que significa dar.

Hace un tiempo, durante la terrible sequía que estaba asolando Etiopía, planeé un viaje a ese país, donde estaban trabajando nuestras hermanas. Justo cuando estaba a punto de marchar, me encontré rodeada de muchos niños. Cada uno tenía algo para dar. «¡Lléveles esto a los niños! ¡Lléveles esto a los niños!», decían. Tenían muchos regalos que dar. Entonces se me acercó un niño pequeño que por primera vez había recibido un trozo de chocolate.

—No me lo quiero comer —me dijo—. Tómelo y déselo a los niños.

Ese pequeño dio muchísimo, porque era todo lo que tenía, y al darlo daba algo que era muy preciado para él.

¿Alguna vez has experimentado la alegría de dar? No quiero que me des de lo que te sobra. Jamás permito que se recojan fondos para mí. No es eso lo que quiero, sino que me deis de vosotros mismos. El amor que se pone en el regalo es lo más importante.

No quiero que la gente haga donaciones simplemente para deshacerse de algo. Hay personas en Calcuta que tienen tanto dinero que desean desprenderse de él. A veces tienen dinero de sobra, dinero que tratan de esconder.

Hace unos días recibí un paquete envuelto con un papel normal y corriente. Pensé que contendría sellos, tarjetas o algo así, y lo dejé a un lado para abrirlo más tarde, cuando tuviera tiempo. Unas horas después lo abrí sin imaginarme qué podía contener. Me resultó difícil dar crédito a mis ojos. El paquete contenía veinte mil rupias. No llevaba remitente ni ninguna nota, lo cual me hizo pensar que podría ser dinero que se debía al gobierno.

No me gusta que me den algo porque desean librarse de ello. Dar es algo diferente. Es compartir.

Tampoco quiero que me deis de lo que os sobra. Quiero que me deis de *lo que necesitáis* hasta realmente sentirlo.

El otro día recibí quince dólares de un hombre que lleva veinte años paralítico. La parálisis sólo le permite usar la mano derecha. La única compañía que tolera es la del tabaco. Me decía: «Sólo hace una semana que he dejado de fumar. Le envío el dinero que he ahorrado de no comprar cigarrillos».

Debió de ser un terrible sacrificio para él. Con ese dinero compré pan y se lo di a personas que tenían hambre. De este modo, tanto el donante como quienes lo recibieron experimentaron alegría.

Esto es algo que todos necesitamos aprender. La oportunidad de compartir nuestro amor con los demás es un regalo de Dios. Que esto sea para nosotros como lo fue para Jesús. Amémonos los unos a los otros como Él nos ha amado. Amémonos los unos a los otros con amor no dividido. Experimentemos la alegría de amar a Dios y de amarnos entre nosotros.

∞ ∞

Hay remedios y curas para todas las enfermedades. Pero mientras no haya manos bondadosas para servir y corazones generosos que den con amor, creo que jamás habrá una cura para la terrible enfermedad de no sentirse amado.

Nadie tiene derecho a condenar a nadie. Aun cuando veamos a personas que causan daño, no sabemos por qué lo hacen. Jesús nos invita a no hacer juicios. Tal vez nosotros hayamos contribuido a que sean lo que son. Necesitamos comprender que son nuestros hermanos y hermanas. Ese leproso, ese borracho y esa persona enferma son hermanos nuestros porque también fueron creados para un amor más grande. Eso es algo que nunca debemos olvidar. Jesucristo se identificó con ellos cuando dijo: «Todo lo que hiciste al menor de mis hermanos me lo hiciste a Mí». Tal vez se encuentran en las calles sin amor ni cuidados porque no les hemos dado nuestro amor y comprensión.

Seamos amables, muy amables con los pobres que sufren. Apenas comprendemos lo que están sufriendo. La parte más difícil es no ser deseado.

Hay una cosa que siempre nos asegurará el cielo: los actos de caridad y bondad con los que llenamos nuestra vida. Jamás sabremos cuánto bien puede hacer una simple sonrisa. Le decimos a la gente lo bueno, clemente y comprensivo que es Dios, pero, ¿somos pruebas vivientes de ello? ¿Pueden estas personas ver esa bondad, ese amor, esa comprensión vivas en nosotros?

Seamos muy sinceros en nuestra forma de tratarnos y tengamos la valentía de aceptarnos mutuamente tal y como somos. No nos sorprendamos ni nos obsesionemos por los defectos o fallos de los demás; veamos y encontremos lo bueno que hay en cada uno, porque cada uno de nosotros fue creados a imagen de Dios. Tengamos presente que nuestra comunidad no está formada por aquellos que ya son santos sino por los que estamos tratando de serlo. Por lo tanto, en nuestro trato mutuo tengamos muchísima paciencia con los defectos y faltas de los demás y de nosotros mismos.

Usemos la lengua para hablar de lo bueno de los demás, porque de la abundancia del corazón habla la boca. Para dar tenemos primero que poseer. Aquellos que tenemos la misión de dar hemos de crecer primero en el conocimiento de Dios.

∽∾

No hace mucho tiempo vino a verme una señora hindú muy rica. Se sentó y me dijo:

—Quisiera colaborar con usted.

En India hay cada vez más personas que se ofrecen a colaborar.

—Estupendo —le dije.

La pobre mujer tenía una debilidad que me confesó.

—Me encantan los saris elegantes.

En realidad llevaba un sari muy caro, que probablemente le costó alrededor de ochocientas rupias. El mío sólo cuesta ocho rupias. El suyo cien veces más.

Le pedí ayuda a la virgen María para darle una respuesta adecuada a la petición que me había hecho y se me ocurrió decirle:

—Yo comenzaría por los saris. La próxima vez que se compre uno, en lugar de pagar ochocientas rupias coja uno de quinientas, y con las trescientas que le sobren compre saris para las mujeres que no tienen nada.

La pobre mujer ahora usa saris de cien rupias, y eso porque yo le he pedido que no se los compre más baratos. Me ha dicho que todo esto le ha cambiado la vida. Ahora sabe lo que significa compartir. Me asegura que ha recibido más de lo que ha dado.

Creo que una persona que está apegada a sus riquezas, que vive preocupada por sus riquezas, es en realidad muy pobre. Sin embargo, si esa persona pone su dinero al servicio de los demás, entonces se vuelve rica, muy rica.

La bondad ha convertido a más personas que el celo, la ciencia o la elocuencia. La santidad aumenta más rápido cuando hay bondad. El mundo se pierde por falta de dulzura y amabilidad. No olvidemos que nos necesitamos los unos a los otros.

En cada ser humano hay una conciencia natural para distinguir lo bueno de lo malo. Yo trato con miles de personas cristianas y no cristianas y veo cómo funciona esa conciencia en sus vidas, atrayéndolas a Dios. En todas las personas hay una inmensa hambre de Dios. Si todos fuéramos capaces de descubrir Su imagen en nuestro prójimo, ¿creéis que seguiríamos necesitando tanques y generales?

∞

*Ama con la totalidad de tu ser a quien Se entregó a Sí mismo por tu amor.*

SANTA CLARA DE ASÍS

*Dad y se os dará...*

JESÚS, Lucas 6:38

*La santidad*

*Nuestra misión consiste en transmitir el amor de Dios, no de un Dios muerto sino de un Dios vivo, un Dios de amor.*

MADRE TERESA

*Enseñadles a observar todo cuanto Yo os he mandado. Yo estaré con vosotros hasta la consumación del mundo.*

JESÚS, Mateo 28:20

No ha de interesarnos el instrumento a través del cual Dios nos habla sino lo que nos dice. Yo sólo soy un lápiz en Su mano. Si mañana Él encuentra a una persona más inútil y desvalida, creo que hará cosas aún más grandes a través de ella.

Todos sabemos que existe un Dios que nos ama, que nos ha creado. Podemos acudir a Él y pedirle «Padre mío, ayúdame. Deseo ser santa, deseo ser buena, deseo amar». La santidad no es un lujo para unos pocos, ni está restringida sólo a algunas personas. Está hecha para ti, para mí y para todos. Es un sencillo deber, porque si aprendemos a amar aprendemos a ser santos.

El primer paso para ser santo es desearlo. Jesús quiere que seamos tan santos como Su Padre. La santidad consiste en hacer la voluntad de Dios con alegría.

Las palabras «Deseo ser santo» significan: Quiero despojarme de todo lo que no sea de Dios; quiero despojarme y vaciar mi corazón de cosas materiales. Quiero renunciar a mi voluntad, a mis inclinaciones, a mis caprichos, a mi inconstancia, y ser un esclavo generoso de la voluntad de Dios.

Con una total voluntad amaré a Dios, optaré por Él, correré hacia Él, llegaré a Él y Lo poseeré. Pero todo depende de las palabras «Quiero» o «No quiero». He puesto toda mi energía en la palabra «Quiero».

Para ser santos necesitamos humildad y oración. Jesús nos enseñó el modo de orar y también nos dijo que aprendiéramos de Él a ser mansos y humildes de corazón. Pero no llegaremos a ser nada de eso a menos que conozcamos lo que es el silencio. La humildad y la oración se desarrollan de un oído, de una mente y de una lengua que han vivido en silencio con Dios, porque en el silencio del corazón es donde habla Él.

Impongámonos realmente el trabajo de aprender

la lección de la santidad de Jesús, cuyo corazón era manso y humilde. La primera lección de ese corazón es un examen de conciencia; el resto, el amor y el servicio, lo siguen inmediatamente.

El examen no es un trabajo que hacemos solos, sino en compañía de Jesús. No debemos perder el tiempo dando inútiles miradas a nuestras miserias sino emplearlo en elevar nuestros corazones a Dios para dejar que Su luz nos ilumine.

Si la persona es humilde nada la perturbará, ni la alabanza ni la ignominia, porque se conoce, sabe quién es. Si la acusan no se desalentará; si alguien la llama santa no se pondrá sobre un pedestal. Si eres santo dale las gracias a Dios; si eres pecador, no sigas siéndolo. Cristo nos dice que aspiremos muy alto, no para ser como Abraham o David ni ninguno de los santos, sino para ser como nuestro Padre celestial.

*No me elegisteis vosotros a Mí, fui Yo quien os elegió a vosotros...*

JESÚS, Juan 15:16

Tengo la impresión de que la pasión de Cristo se está reviviendo en todas partes. Pero, ¿estamos dispuestos a participar en ella? ¿Estamos dispuestos a compartir los sufrimientos de la gente, no sólo en nuestros países pobres sino en todo el mundo? A mí me parece que la gran pobreza que se sufre en Occidente es mucho más difícil de solucionar. Cuando recojo a una persona que se está muriendo de hambre en la calle y le ofrezco un plato de arroz o un trozo de pan, puedo satisfacer su hambre. Pero una persona que ha sido golpeada, o que no se siente deseada ni amada, o tiene miedo y es rechazada por la sociedad, experimenta un tipo de pobreza que es mucho más dolorosa y profunda y difícil de curar.

La gente está hambrienta de Dios. La gente está hambrienta de amor. ¿Somos conscientes de ello? ¿Lo sabemos? ¿Lo vemos? ¿Tenemos ojos para ver? Con mucha frecuencia miramos pero no vemos. Simplemente estamos de paso por este mundo. Es necesario que abramos los ojos y veamos.

Como no podemos ver a Cristo no sabemos cómo expresarle nuestro amor. Pero sí vemos a nuestro prójimo y lo que hagamos por él es lo que haríamos por Cristo si fuera visible. Abrámonos a

Dios para que pueda utilizarnos. Convirtamos en hechos el amor. Comencemos por nuestra familia, por las personas que tenemos más cerca. Es difícil, pero por ahí ha de comenzar nuestro trabajo. Somos colaboradores de Cristo, fértiles sarmientos de la vid.

No olvidemos que lo que nos importa es la persona. Para amar a alguien hemos de acercarnos a él. Si esperamos a que el número de personas sea mayor nos perderemos en medio de las cifras y jamás podremos expresar respeto y amor por una en concreto. Para mí, cada persona es única.

∞ ∞

Cuando nuestras hermanas estaban en Ceilán, un ministro del Estado me dijo algo muy sorprendente:

—¿Sabe, madre? Yo amo a Cristo pero detesto a los cristianos.

Yo le pregunté cómo podía ser eso.

—Pues porque los cristianos no nos dan a Cristo —contestó—; no viven totalmente sus vidas cristianas.

Una vez Gandhi dijo algo muy similar: «Si los

cristianos vivieran totalmente sus vidas cristianas no quedaría ni un solo hindú en la India».

Muy cierto, ¿verdad? Este amor de Cristo debería instarnos a darnos sin cesar.

La voluntad perfecta de Dios para nosotros. Debemos ser santos. La santidad es el mayor regalo que Dios puede hacernos porque para eso nos creó.

Para una persona que ama, la sumisión es más que un deber; es el secreto de la santidad.

San Francisco dijo que cada uno de nosotros es lo que es a los ojos de Dios, nada más ni nada menos. Todos estamos llamados a ser santos. No hay nada de extraordinario en esa llamada. Todos hemos sido creados a imagen de Dios para amar y ser amados.

Jesús desea nuestra perfección con ardor indecible. «Porque la voluntad de Dios es vuestra santificación» (I Tesalonicenses 4:3). Su Sagrado Corazón está lleno por el insaciable deseo de vernos avanzar hacia la santidad.

Cada día deberíamos renovar nuestra resolución de estimularnos el fervor, como si fuera el primer día de nuestra conversión, diciendo: «Ayúdame, Señor Dios, en mi buena resolución y en tu servicio sagrado, y dame la gracia para comenzar hoy de verdad, porque lo que he hecho aún no es nada». No podemos renovarnos sin la humildad para reconocer lo que necesita ser renovado en nosotros.

No tengamos miedo. Tiene que haber cruz, tiene que haber sufrimiento, señal clara de que Jesús nos ha acercado a Su corazón para compartir Su sufrimiento con nosotros. Sin Dios sólo podemos propagar dolor y sufrimiento a nuestro alrededor.

Todos deseamos el cielo donde está Dios, pero en nosotros tenemos el poder para estar con Él en el cielo ahora mismo, para ser felices con Él en este momento. Pero ser feliz con Él ahora significa amar como Él ama, ayudar como Él ayuda, dar como Él da, servir como Él sirve, rescatar como Él rescata, estar con Él las veinticuatro horas del día, atendiéndolo, tocándolo en su disfraz de dolor.

Jesús hará grandes cosas por nosotros si no le ponemos obstáculos. Obstaculizamos los planes de Dios cuando introducimos a alguien o alguna otra cosa que no nos conviene. Seamos estrictos con nosotros mismos y también con lo que recibimos de fuera. Pueden venir personas con ideas maravillosas, con cosas hermosas, pero si eso nos aparta de la realidad de lo que hemos dado a Dios debe quedar fuera.

Pidámosle a nuestro Señor que esté con nosotros en los momentos de tentación. No debemos tener miedo, porque Dios nos ama y no dejará de ayudarnos. Por lo tanto, cada uno ha de sentir una profunda reverencia por sí mismo, reverencia por los demás, debemos tratarnos los unos a los otros con las señales aceptadas de cortesía, pero absteniéndonos de sentimentalismos o afectos desordenados.

No hay necesidad de desesperar. No hay necesidad de desalentarse. No si comprendemos la ternura del amor de Dios. Somos algo preciado para Él. Nos ama, y nos ama tan tiernamente que nos ha grabado en las palmas de Sus manos. Cuando sientas inquietud en el corazón, cuando te duela, o te parezca que se te va a romper, di: «Soy un ser preciado para Él. Él me ama, me ha llamado por mi nombre. Soy suyo. Me ama. Dios me ama». Y para demostrar ese amor murió en la cruz.

Qué diferentes somos a Él. Qué poco amor, qué poca compasión, qué poco perdón, qué poca amabilidad tenemos. No somos dignos de estar tan cerca de Él, de entrar en Su corazón. Descubramos qué parte de Su cuerpo está herida por nuestros pecados. No vayamos solos, pongamos nuestras manos en las Suyas. Nuestro Padre nos ama, nos ha dado un nombre. Le pertenecemos con todas nuestras miserias, nuestros pecados, nuestras debilidades, nuestras bondades. Somos Suyos. Nuestra forma de vida depende de estar arraigados en Cristo Jesús, nuestro Señor, por elección deliberada.

En la India algunas personas del gobierno me preguntaron:

—¿No le gustaría convertirnos a todos al cristianismo?

Naturalmente, me gustaría daros el tesoro que tengo, pero no puedo. Sólo puedo orar porque lo recibáis.

Una vez alguien me preguntó:

—¿Por qué se marcha al extranjero? ¿No tiene suficientes pobres en la India?

—Jesús nos dijo id y predicad a todas las naciones — le contesté.

Por eso vamos por todo el mundo a predicar Su amor y compasión.

En otra ocasión un médico indio, al ver el cuidado con que una hermana atendía a un enfermo que había sido desahuciado por sus colegas, me dijo:

—Vine aquí sin Dios y ahora me vuelvo con Él.

El trabajo del rearme moral se lleva a cabo con discreción y amor. Cuanto más discreto, más penetrante será. Lo damos a otros y son ellos quienes lo absorben.

∞ ∞

Instruiremos por el poder del ejemplo de nuestra vida en y con Jesucristo nuestro Señor, dando testimonio de la verdad del evangelio con nuestra resuelta devoción y el ardiente amor de Cristo y de Su Iglesia, y también por la proclamación oral de la Palabra de Dios, sin temor, franca y claramente, según las enseñanzas de la Iglesia, siempre que se presente la ocasión.

Sostendremos a aquellos que hayan caído en la tentación con nuestra oración, penitencia y amor comprensivo, y, siempre que podamos, también mediante palabras iluminadoras y alentadoras. Seremos amigas de los sin amigos y consolaremos a los enfermos y afligidos mostrándoles nuestro verdadero amor y preocupándonos e identificándonos con ellos en su sufrimiento y aflicción, orando con ellos por la curación y consuelo de Dios y animándolos a ofrecer sus sufrimientos al Señor por la salvación de todo el mundo.

Soportaremos pacientemente los agravios sin oponer resistencia a los malvados. Si alguien nos hiere en la mejilla derecha, le ofreceremos la izquierda; si alguien nos quita algo no intentaremos recuperarlo. Perdonaremos las ofensas sin buscar vengarnos sino devolviendo el bien por el mal, amando a nuestros enemigos, orando por quienes nos persiguen y bendiciendo a quienes nos maldicen.

El camino de la confianza amorosa significa:

— tener una confianza absoluta, incondicional e inquebrantable en Dios, nuestro amoroso Padre, aun cuando parezca que todo ha fracasado.

— acudir sólo a Él en busca de auxilio y protección.

— dejar de dudar y de descorazonarse, entregando todas nuestras preocupaciones y cuidados al Señor, y caminar con absoluta libertad.

— ser osados y absolutamente audaces ante

cualquier obstáculo, sabiendo que con Dios nada es imposible.

— tener total confianza en nuestro Padre celestial, con el espontáneo abandono de los niños pequeños, totalmente convencidos de nuestra absoluta nada pero confiados hasta la temeridad, con valentía en Su bondad paternal.

Agradezcamos a Dios todo el amor que nos demuestra de tantas maneras y en tantos lugares. En actos de gratitud y adoración, resolvamos ser santos porque Él es santo.

꧁꧂

*Desde el momento en que comprendí que Dios existía supe que no podía hacer otra cosa más que vivir sólo para Él.*

CHARLES DE FOUCAULD

*¿Ahora creéis? He aquí que llega la hora, y ya es llegada, en que os dispersaréis cada uno por su lado... Pero no estoy solo porque el Padre está conmigo. Esto os lo he dicho para que tengáis paz en mí; en el mundo habéis de tener tribulación; pero confiad; yo he vencido al mundo.*

JESÚS, Juan 16:31-33

*El trabajo y el servicio*

*Creo que si Dios encuentra a una persona más inútil que yo, a través de ella hará cosas aún más grandes porque ésta es Su obra.*

MADRE TERESA

*Te basta mi gracia, que en la flaqueza llega al colmo el poder.*

JESÚS a PABLO, II Corintios 12:9

Es posible que yo no logre mantener toda mi atención en Dios mientras trabajo, pero Él no me exige que lo haga. No obstante, sí que puedo tener todo el deseo y toda la intención de hacer mi trabajo con Jesús y por Jesús. Esto es hermoso y es lo que Dios nos pide. Quiere que nuestra voluntad y nuestro deseo sean para Él, para nuestra familia, para nuestros hijos, para nuestros hermanos y para los pobres.

Cada uno de nosotros es sencillamente un pequeño instrumento. Cuando miramos en el interior de un aparato eléctrico vemos muchos cables ordenados, cables pequeños y grandes, cables nuevos y viejos, cables baratos y caros. Pero mientras no pase por ellos la corriente no habrá luz. Esos cables somos todos nosotros y la corriente es Dios.

Tenemos el poder de dejar pasar la corriente por nosotros, de servir para producir la luz del mundo, o bien de negarnos a ser utilizados y permitir que se extienda la oscuridad.

∞ ∞

Es posible que en el apartamento o en la casa de enfrente viva un ciego que se sentiría muy feliz si fueras a leerle el periódico, o una familia que necesita algo que para ti es insignificante, algo tan simple como tener una persona que le cuide a su bebé durante media hora. Hay tantas cosas y tan pequeñas que la gente casi se olvida de ellas.

Si trabajas en la cocina, no creas que eso no requiere inteligencia. No creas que estar sentado, estar de pie, ir y venir y todo lo que haces no es importante para Dios.

Dios no nos preguntará cuántos libros hemos leído, ni cuántos milagros hemos realizado, pero sí si hemos hecho todo lo que podíamos por Su amor. ¿Podemos decir con toda sinceridad «He hecho todo lo que estaba a mi alcance»? Aunque sea muy poco, debe ser lo mejor, lo máximo.

Si de verdad amamos a Cristo, por insignificante que sea nuestro trabajo, lo haremos lo mejor posible; con entusiasmo, al ciento por ciento. Nuestro trabajo demostrará nuestro amor.

Podemos estar agotados de tanto trabajar, o incluso matarnos trabajando, pero si ese trabajo no está entretejido con el amor, es inútil. Trabajar sin amor es esclavitud.

∽∾

Si una persona cree que Dios le está pidiendo que cambie las estructuras sociales, ése es un tema entre ella y su Dios. Todos tenemos el deber de servir a Dios donde nos sentimos llamados. Yo me siento llamada a ayudar a las personas, a amar a cada ser humano. Jamás pienso en grandes multitudes sino en personas concretas, porque de lo contrario jamás haría nada. Es la persona lo que importa. Soy partidaria de las relaciones de persona a persona.

La plenitud de nuestro corazón entra en nuestros actos: cómo trato a ese leproso, cómo trato a esa persona moribunda, cómo trato a los que no tienen hogar. A veces es más difícil trabajar con la gente de la calle que con las personas de nuestras casas para moribundos ya que éstos están en paz, esperando, dispuestos a ir a Dios.

Cuando tocamos a los enfermos o a los leprosos es fácil ver en ellos el cuerpo de Cristo, pero cuando las personas están borrachas o gritan es mucho más difícil creer que se trata de Jesús con su disfraz de aflicción. Qué limpias deben estar nuestras manos, qué amorosas deben ser para poder llevarles compasión.

Hemos de ser puros de corazón para ver a Jesús en los más espiritualmente pobres, por lo que, cuanto más desfigurada esté la imagen de Dios en la persona, mayor será nuestra fe y devoción para buscar el rostro de Jesús y atenderlo amorosamente a Él en ella. Consideramos un honor servir a Cristo oculto en el penoso disfraz de los más espiritualmente pobres; lo hacemos con profunda gratitud y reverencia, con espíritu de colaboración.

Cuanto más repugnante es el trabajo, mayor es el efecto del amor y del servicio entusiasta. Si yo no hubiera recogido a aquella mujer que tenía la cara, las piernas y casi todo el cuerpo comido por las ratas, no podría haber sido Misionera de la Caridad. La sensación de repugnancia es humana, pero si damos de todo corazón, desinteresadamente a pesar de esas sensaciones, seremos santas. A San Francisco de Asís le daban asco los leprosos, pero lo superaba.

Hagamos lo que hagamos, aunque sólo sea ayudar a alguien a atravesar la calle, se lo estamos haciendo a Jesús. Incluso ofrecer a alguien un vaso de agua es dárselo a Jesús. Ésta es una pequeñísima enseñanza, pero cada vez más importante.

No hemos de tener miedo de proclamar el amor de Cristo ni de amar como Él amó. El trabajo que hagamos, por pequeño y humilde que sea, convirtámoslo en un acto de amor a Cristo.

Pero por hermoso que sea el trabajo, no nos apeguemos a él, debemos estar dispuestos a dejarlo. El trabajo no es nuestro. Los talentos que Dios nos ha dado no son nuestros, nos han sido dados para que los usemos por la gloria de Dios. Seamos generosos y usemos todo lo que tenemos por el buen Maestro.

¿Qué tenemos que aprender? A ser mansos y humildes: si somos mansos y humildes aprenderemos a orar. Si aprendemos a orar perteneceremos a Jesús. Si pertenecemos a Jesús aprenderemos a creer, y si creemos aprenderemos a amar, y si amamos aprenderemos a servir.

Pasa tu tiempo en la oración. Si oras tendrás fe y si tienes fe como es natural desearás servir. Aquel que ora no puede sino tener fe y cuando se tiene fe se desea ponerla en hechos. La fe puesta en hechos es servicio.

El fruto del amor es el servicio. El amor nos induce a decir: «Deseo servir». Y el fruto del servicio es la paz. Todos deberíamos trabajar por la paz.

⁂

Alguien me preguntó qué consejo podía darles a los políticos. No me gusta meterme en política, pero la respuesta me salió sin más de la boca: «Deberían pasar un tiempo de rodillas. Creo que eso les serviría para ser mejores estadistas».

Procura ser la evidencia de Dios en tu comunidad. A veces vemos cómo vuelve la alegría a la vida de los más indigentes cuando comprenden que muchos entre nosotros nos preocupamos por ellos y les demostramos nuestro amor. Incluso mejora su salud si están enfermos.

Nunca hay que olvidar que en el servicio de los pobres se nos ofrece una magnífica oportunidad de hacer algo hermoso por Dios. En realidad, cuando nos entregamos de todo corazón a los pobres, es a Cristo a quien servimos en sus desfigurados rostros. Porque Él dijo: «A mí me lo hicisteis».

∞∞

Oración diaria de los colaboradores de la Madre Teresa:

*Haznos dignos, Señor, de servir a nuestros semejantes de todo el mundo que viven sumidos en el hambre y la pobreza.*

*Dales a través de nuestras manos el pan de cada día, y a través de nuestro Amor comprensivo la Paz y la Alegría.*

*Señor, haz de mí un instrumento de Tu paz; que donde haya odio ponga yo Amor; que donde haya agravio ponga yo el Espíritu del Perdón; que donde haya discordia ponga yo Armonía; que donde haya error ponga yo Verdad; que donde haya duda ponga yo Fe; que donde haya desesperación ponga yo Espe-ranza; que donde haya oscuridad ponga yo Luz; que donde haya tristeza ponga yo Alegría.*

*Señor, concédeme la gracia de poder consolar en lugar de ser consolado, de comprender en lugar de ser comprendido, de amar en lugar de ser amado, porque olvidándose de uno mismo es como se encuentra, perdonando se es perdonado y muriendo se despierta a la vida eterna.*

ADAPTADA DE LA ORACIÓN DE SAN FRANCISCO

*No pierdas ninguna ocasión de hacer algún pequeño sacrificio, aquí con una mirada sonriente, allí con una palabra cariñosa; siempre haciendo el más pequeño bien y todo por amor.*

SANTA TERESA DE LISIEUX

*En verdad os digo que cuantas veces hicisteis eso a uno de estos mis hermanos menores, a mí me lo hicisteis.*

JESÚS, Mateo 25:40

*Jesús*

*Jesús es la verdad que hemos de dar a conocer.*

MADRE TERESA

*En verdad, en verdad os digo que el que cree en mí hará también las obras que yo hago, y las hará mayores que éstas [...] Si pidiereis alguna cosa en mi nombre, yo la haré.*

JESÚS, Juan 12-14

Érase un pequeño petirrojo que vio a Jesús en la cruz con la corona de espinas. El pajarillo voló y voló alrededor de la corona hasta encontrar la manera de arrancarle una espina, y al quitársela se la clavó.

Cada uno de nosotros debería ser como ese pájaro. ¿Qué he hecho? ¿Qué consuelo he dado? ¿Significa algo mi trabajo? El pequeño petirrojo sólo trató de quitar una espina. Cuando miro la cruz pienso en ese pajarillo. No pasemos de largo ante ella; es un lugar de gracia.

Muchas veces miramos sin ver. ¿Soy capaz de ver a los pobres y a las personas que sufren? Todos hemos de llevar nuestra propia cruz, todos tenemos que acompañar a Jesús en su subida al Calvario si queremos llegar a la cima con Él. Para que sea auténtico el sacrificio tiene que vaciarnos de nosotros mismos. Jesús nos ha elegido a cada uno para que seamos Su amor y Su luz en el mundo.

Recordemos que Él nos ha elegido antes que nosotros a Él. Hemos de responder haciendo algo hermoso por Dios, algo muy hermoso. Para eso hemos de entregarnos totalmente, dar el máximo. Hemos de adherirnos a Jesús, aferrarnos a Él y no dejarlo jamás por nada. Hemos de enamorarnos de Jesús.

Por mi voto de castidad no sólo renuncio al estado del matrimonio sino que también consagro a Dios el uso de mis actos interiores y exteriores, mis afectos. En conciencia no puedo amar a otra persona con el amor de una mujer por un hombre. Ya no tengo derecho a dar ese afecto a ninguna otra criatura, sino solamente a Dios.

Y entonces ¿qué? ¿Tenemos que ser como piedras, seres humanos sin corazón? ¿Nos limitamos a decir «No me importa, para mí todos los seres humanos son iguales»? No, no, en absoluto. Hemos de mantenernos como estamos, pero darlo todo por Dios, a quien hemos consagrado todos nuestros actos interiores y exteriores.

La castidad no significa simplemente no estar casada, sino amar a Cristo con un amor indiviso. Es algo más profundo, algo vivo, algo real. Es amarlo con una castidad amorosa e íntegra por medio de la libertad de la pobreza.

Las palabras de Jesús «Amaos los unos a los otros como yo os he amado» (Juan 15:12) deben ser para nosotros no sólo una luz sino también una llama que nos consuma el yo. Para que sobreviva, el amor debe ser alimentado con sacrificios, sobre todo con el sacrificio del yo. Renunciar significa ofrecer mi libre voluntad, mi razón, mi vida, en actitud de fe. Mi alma puede estar en la oscuridad; las tribulaciones son las pruebas más seguras de mi total renuncia. Renuncia también significa amor. Cuanto más renunciamos más amamos a Dios y a los hombres.

⌘⌘

¿Estoy convencida del amor de Cristo por mí y de mi amor por Él? Esta convicción es como la luz del sol que hace subir la savia de la vida y florecer los brotes de la santidad. Esta convicción es la roca sobre la que se construye la santidad. ¿Qué debemos hacer para llegar a esta convicción? Debemos conocer a Jesús, amar a Jesús, servir a Jesús. Lo conocemos por la oración, la meditación y el cumplimiento de los deberes espirituales. Lo amamos por medio de la santa misa y los sacramentos y por esa íntima unión de amor. Hemos de procurar vivir a solas con Él en el santuario de nuestros corazones.

En su pasión el Señor dice: «Hágase Tu voluntad; en tus manos encomiendo mi espíritu». Y eso fue lo más difícil para nuestro Señor, incluso en el último momento. Dicen que en Getsemaní la pasión fue mucho mayor incluso que la crucifixión, porque allí fueron crucificados Su corazón y Su alma, mientras que en la cruz fue crucificado Su cuerpo. Sabemos lo difícil que fue para Él esa hora por la pregunta que les hizo a sus discípulos: «¿De modo que no habéis podido velar una hora conmigo?». Sabemos que necesitaba consuelo. Eso es entrega total, no ser amado por nadie, no ser deseado por nadie, simplemente no ser nadie porque lo hemos dado todo a Cristo.

Cuando vino Jesús al mundo lo amó tanto que dio

Su vida por él. Deseó satisfacer nuestra hambre de Dios. ¿Y qué hizo? Se convirtió Él mismo en Pan de Vida. Se hizo frágil, pequeño e indefenso por nosotros. Las migas de pan pueden ser tan pequeñas que incluso un bebé puede masticarlas, y una persona moribunda comérselas. Se transformó en Pan de Vida para satisfacer nuestra hambre de Dios, nuestra hambre de amor.

Creo que nunca habríamos podido amar a Dios si Jesús no se hubiera convertido en uno de nosotros. Para que pudiéramos ser capaces de amarle, Él se convirtió en uno de nosotros en todas las cosas, con excepción del pecado. Si hemos sido creados a imagen y semejanza de Dios, entonces hemos sido creados para amar, porque Dios es amor. En su pasión Jesús nos enseñó a perdonar por amor, a perdonar por humildad. Encontrad a Jesús y encontraréis la paz.

No permitamos que nada se interponga en nuestro amor a Jesús. Pertenecemos a Él. Nada puede separarnos de Él; es importante recordar esta frase. Él será nuestra alegría, nuestra fuerza. Si nos afirmamos en esta frase, por muchas tentaciones y dificultades que se nos presenten nada nos vencerá. Tengamos presente que hemos sido creados para grandes cosas.

No hemos de tener miedo de decir «Sí» a Jesús, porque no hay mayor amor que Su amor ni mayor alegría que Su alegría. Mi oración por vosotros es que lleguéis a comprender y a tener el valor de responder a la llamada de Jesús con la sencilla palabra «Sí». ¿Por qué os ha elegido a vosotros? ¿Por qué me ha elegido a mí? Eso es un misterio.

Cristo dijo: «Tuve hambre y me disteis de comer». Tuvo hambre no sólo de pan sino del amor comprensivo de ser amado, de ser conocido, de ser alguien para alguien. Estaba desnudo, pero no sólo por la falta de ropa sino por la falta de dignidad y respeto humanos, por las injusticias cometidas contra los pobres, a quienes se desprecia simplemente por ser pobres. No sólo sufría por no tener una casa de ladrillo, sino también por la privación de aquellos que están encerrados, de aquellos que no son deseados, que no son amados, que van por el mundo sin nadie que los quiera ni cuide de ellos.

Uno puede salir a la calle y no tener nada que decir, pero tal vez haya un hombre en la esquina y uno se le acerque. Quizá él se sienta ofendido, pero esa presencia estará allí. Hemos de irradiar esa presencia que tenemos en nuestro interior con la manera de dirigirnos a ese hombre con amor y respeto. ¿Por qué? Pues porque creemos que es Jesús. Jesús no puede recibirnos; para eso, debemos saber acercarnos a Él. Se presenta disfrazado en la forma de esa persona que está ahí. En los menores de sus hermanos Jesús no sólo está hambriento de un trozo de pan, sino también hambriento de amor, de ser conocido, de ser tenido en cuenta.

∞∞

¿Cuál es mi vida espiritual? Una unión de amor con Jesús en la cual lo divino y lo humano se entregan totalmente uno a otro. Lo único que Jesús me pide es que me entregue a Él en toda mi pobreza e insignificancia.

«Aprende de mí», dijo Jesús. En nuestras meditaciones siempre deberíamos decir: «Jesús, hazme santo según tu corazón manso y humilde». Hemos de responder en el espíritu que Jesús desea que le respondamos. Lo conocemos mejor a través de la meditación y el estudio del evangelio, pero, ¿lo hemos comprendido realmente en Su humildad?

Una cosa me pide Jesús, que me apoye en Él, que en Él y solamente en Él deposite toda mi confianza, que me entregue a Él sin reservas. Incluso cuando todo vaya mal y me sienta como si estuviera en un barco que va a la deriva, debo entregarme completamente a Él. No debo tratar de controlar los actos de Dios; no debo contar las etapas del viaje que Él quiere que haga. No debo desear una percepción clara de mi avance por el camino, no debo saber con precisión en qué lugar estoy en el camino a la santidad. Le pido que haga de mí una santa, pero he de dejar que sea Él quien elija la santidad y, más aún, los medios que me conducirán a ella.

Hambriento de amor Él te mira,
sediento de afecto te lo suplica,
privado de lealtad de ti la espera,
enfermo y prisionero desea tu amistad,
desprovisto de hogar te pide morar en tu corazón.

¿Serás eso para Él?

La simplicidad de nuestra vida de contemplación nos hace ver a Dios en todo, en todas las personas, en todas partes y en todo momento. Su intervención en todo lo que ocurre nos hace hacer todo lo que hacemos, ya sea pensar, estudiar, trabajar, hablar, comer o descansar, en Jesús, con Jesús, por Jesús y para Jesús, bajo la amorosa mirada del Padre, totalmente disponibles para Él sea cual sea la forma en que se nos presente.

Me impresiona profundamente el hecho de que antes de explicar la Palabra de Dios, antes de presentar las ocho bienaventuranzas a las multitudes, Jesús tuvo compasión de ellas y les dio alimento. Sólo después comenzó a enseñarles.

Amemos a Jesús con generosidad. Amémoslo confiadamente, sin mirar atrás y sin miedo. Entreguémonos totalmente a Jesús; Él nos utilizará para realizar grandes cosas con la condición de que creamos mucho más en Su amor que en nuestra debilidad. Creamos en Él, confiemos en Él con una confianza ciega y absoluta porque Él es Jesús. Creamos que Él y sólo Él es vida, y que la santidad no es otra cosa que el propio Jesús que vive íntimamente en nosotros; entonces Su mano nos dará en abundancia.

¿Quién es Jesús para mí?

Jesús es la Palabra hecha carne;

Jesús es el Pan de Vida;

Jesús es la víctima ofrecida en la cruz por nuestros pecados.

Jesús es el sacrificio de la santa misa por los pecados del mundo y míos;

Jesús es la Palabra que hemos de pronunciar,

Jesús es la verdad que hemos de decir,

Jesús es el camino que hemos de caminar,

Jesús es la luz que hemos de encender,

Jesús es la vida que hemos de vivir,

Jesús es el amor que hemos de amar,

Jesús es la alegría que hemos de transmitir,

Jesús es la paz que hemos de dar,

Jesús es la persona hambrienta que hemos de alimentar,

Jesús es la persona sedienta que hemos de saciar,

Jesús es la persona desnuda que hemos de vestir,

Jesús es la persona sin hogar que hemos de acoger,

Jesús es la persona enferma que hemos de sanar,

Jesús es la persona sola que hemos de amar,

Jesús es la persona no deseada que hemos de desear,

Jesús es la persona leprosa a través de la cual le lavamos a Él Sus heridas,

Jesús es el mendigo a través del cual le sonreímos a Él,

Jesús es el borracho a través del cual le escuchamos a Él,

Jesús es el enfermo mental a través del cual le protegemos a Él,

Jesús es el pequeño a través del cual le abrazamos a Él,

Jesús es la persona ciega a través de la cual le guiamos a Él,

Jesús es la persona muda a través de la cual hablamos por Él,

Jesús es la persona inválida a través de la cual le ayudamos a caminar a Él,

Jesús es la persona drogadicta a través de la cual nos hacemos amigos de Él,

Jesús es la prostituta a través de la cual le sacamos del peligro y nos hacemos amigos de Él,

Jesús es el preso al que hemos de visitar,

Jesús es la persona anciana a la que servimos.

Para mí: Jesús es mi Dios,

Jesús es mi esposo,

Jesús es mi vida,

Jesús es mi único amor,

Jesús es mi todo en todas las cosas,

Jesús es todo lo que tengo,

Jesús es mi todo.

A Jesús amo con todo mi corazón, con todo mi ser. Se lo he dado todo, incluso mis pecados y Él me ha desposado con toda ternura y amor.

☙❧

*Ya no me pertenezco. Esté viva o muera, pertenezco a mi Salvador. No tengo nada mío. Dios es mi todo y todo mi ser es Suyo.*

*No quiero tener nada que ver con un amor que sea por Dios o en Dios. No puedo soportar la palabra «por» ni la palabra «en», porque denotan algo que podría interponerse entre Dios y yo.*

SANTA CATALINA DE GÉNOVA

*Como el Padre me ha amado, yo también os he amado; permaneced en mi amor. Si guardareis mis preceptos, permaneceréis en mi amor, como yo he guardado los preceptos de mi Padre y permanezco en su amor. Esto os lo digo para que yo me goce en vosotros y vuestro gozo sea cumplido.*

JESÚS, Juan 15:9-11

*La pobreza y los pobres*

*No es Dios quien ha creado la pobreza, sino los hombres. Ante Dios todos somos pobres.*

MADRE TERESA

*Bienaventurados los pobres de espíritu porque de ellos será el reino de los cielos.*

JESÚS, Mateo 5:3

La pobreza no sólo consiste en tener hambre de pan sino más bien en tener un hambre terrible de dignidad humana. Necesitamos amar y ser amados por alguien. Aquí es donde nos equivocamos y hacemos a un lado a las personas. No sólo les hemos negado a los pobres un trozo de pan sino que al considerarlos indignos y dejarlos abandonados en las calles les hemos negado la dignidad humana a la que tienen derecho como hijos de Dios que son.

Actualmente el mundo tiene hambre no sólo de pan sino también de amor, hambre de ser necesarios, de ser amados. La gente tiene hambre de sentir la presencia de Cristo. En muchos países las personas tienen de todo, excepto esa presencia, esa comprensión.

En todos los países hay pobres. En ciertos continentes la pobreza es más espiritual que material, una pobreza que consiste en soledad, desaliento y falta de sentido en la vida. También en Europa y Estados Unidos he visto personas pobres durmiendo en la calle, tiradas sobre diarios o harapos. Ese tipo de pobres los hay en Londres, Madrid y Roma. Pero lo más fácil es hablar o preocuparnos por los pobres que están muy lejos, ya que posiblemente sea más arriesgado prestar atención y preocuparnos por los que viven en la casa de al lado.

Cuando recojo a una persona enferma en la calle, le doy arroz y pan, y así satisfago su hambre. Pero, ¿cuánto más difícil es quitarle el hambre a una persona que está marginada, que se siente rechazada por la sociedad, que carece de amor, que está aterrada?

En Occidente tenéis más personas espiritualmente pobres que físicamente pobres. Entre los ricos suele haber personas muy pobres espiritualmente. Es fácil dar un plato de arroz a alguien que está hambriento u ofrecerle una cama a una persona que no tiene dónde dormir, pero consolar o quitar la amargura, la rabia, la soledad, consecuencias de la privación espiritual, eso lleva muchísimo tiempo.

∽∾

De todas partes del mundo vienen a la India personas jóvenes para llevar una vida de pobreza, mucho más pobre que la nuestra. Vienen impulsadas por el deseo de liberarse de su ambiente de riqueza. Creo que lo que buscan es convertirse en ejemplos vivientes de la pobreza de Cristo. Pero no basta con conocer el espíritu de pobreza, sino que hay que conocer la propia pobreza. Pobreza significa no tener nada. Actualmente todo el mundo, incluso aquellos que provienen de ambientes adinerados, quiere saber lo que realmente significa no tener nada.

Las riquezas, tanto las materiales como las espirituales, pueden ahogarnos si no las usamos bien. Porque ni siquiera Dios puede poner algo en un corazón que ya está lleno. Un día surge el deseo de tener dinero y todas las cosas que éste puede proporcionar, las cosas superfluas, lujos en la comida, exquisiteces en el vestir, fruslerías. Las necesidades aumentan porque una cosa lleva a la otra, y la consecuencia es una insatisfacción incontrolable. Conservémonos todo lo vacíos que podamos para que Dios pueda llenarnos.

Nuestro Dios nos da el ejemplo: desde el primer día de su existencia humana se crió en una pobreza que ningún ser humano podrá experimentar jamás, porque «siendo rico se hizo pobre». Siendo rico se vació a Sí mismo. En esto es donde está la contradicción. Si deseo ser pobre como Cristo, que se hizo pobre aun cuando era rico, yo debo hacer lo mismo. Sería vergonzoso ser más ricos que Jesús, quien soportó la pobreza por nuestro bien.

En la cruz Cristo no tenía nada. La cruz se la dio Pilatos; los clavos y la corona, los soldados. Estaba desnudo. Cuando murió le quitaron la cruz, los clavos y la corona. Lo envolvieron en un trozo de lienzo donado por un alma caritativa y lo enterraron en una tumba que no le pertenecía. Aunque podría haber muerto como un rey e incluso haberse librado de la muerte, eligió la pobreza porque sabía que ése era el auténtico camino para poseer a Dios y para traer Su amor a la Tierra.

La pobreza es libertad. Es una libertad por la cual lo que poseo no me posee a mí, lo que poseo no me subyuga, mis posesiones no me impiden compartir o dar de mí.

La pobreza rigurosa es nuestra protección. No

queremos, como ha ocurrido a otras órdenes religiosas a lo largo de la historia, comenzar sirviendo a los pobres y después poco a poco desviarnos para acabar sirviendo a los ricos. Para comprender y ser capaces de ayudar a aquellos que carecen de todo hemos de vivir como viven ellos. La diferencia sólo radica en que mientras aquellos a quienes ayudamos son pobres por obligación, nosotras somos pobres por elección.

Hace unas semanas recogí a una niñita de la calle; nada más verle la cara comprendí que tenía hambre. No sabía cuántos días llevaba sin comer, así que le di un trozo de pan. La pequeña lo cogió y comenzó a comérselo miga a miga.

—Come, come —le dije—, tienes hambre.

La niña me miró y me dijo:

—Me da miedo. Cuando se me acabe el pan volveré a tener hambre.

∞∞∞

No tenemos ningún derecho de juzgar a los ricos. Por nuestra parte, lo que buscamos no es una lucha de clases sino un encuentro de las clases, para que los ricos salven a los pobres y los pobres a los ricos.

Con respecto a Dios, nuestra pobreza es nuestro humilde reconocimiento y aceptación de nuestro pecado, impotencia y absoluta nada, así como el reconocimiento de nuestra indigencia ante Él, expresado en forma de esperanza en Él, en apertura para recibir todas las cosas de Él como de nuestro Padre. Nuestra pobreza deberá ser la verdadera pobreza evangélica: amable, tierna, alegre y generosa, siempre dispuesta a dar una expresión de amor. La pobreza es amor antes de ser renuncia. Para amar es necesario dar. Para dar es necesario estar libre de egoísmo.

Nuestra pobreza es necesaria porque estamos trabajando con los pobres. Cuando se quejan de la comida les podemos decir que comemos lo mismo. Cuando dicen «Hizo tanto calor anoche que no pudimos dormir», podemos decir «Nosotras también pasamos mucho calor». Los pobres tienen que lavarse solos y andar descalzos; nosotras también. Tenemos que agacharnos para levantarlos. A los pobres se les abre el corazón cuando podemos decir que vivimos igual que ellos. A veces sólo tienen un cubo de agua. Lo mismo nos ocurre a nosotras. Los pobres tienen que hacer cola; nosotras también. La comida, la ropa, todo, debe ser como la de ellos. No hacemos ayuno. Nuestro ayuno es comer los alimentos que tenemos.

Para que sea fructífera, nuestra vida tiene que estar llena de Cristo, sólo así seremos capaces de dar Su paz, alegría y amor, porque no podemos dar lo que no tenemos; ser ciegos conduciendo a ciegos. Los pobres de los barrios bajos viven sin Jesús, pero nosotras tenemos el privilegio de entrar en sus casas. Lo que piensan de lo que hacemos no tiene importancia, pero lo que somos para ellos sí. Ir a los barrios pobres sólo por ir no bastará para atraerlos a Jesús. Si estamos obsesionadas por nosotras mismas y nuestros asuntos no seremos capaces de vivir a la altura de este ideal.

Practicamos la virtud de la pobreza cuando nos remendamos la ropa con toda la rapidez y primor de que somos capaces. Llevar ropa remendada no es ninguna deshonra. De San Francisco de Asís se cuenta que, cuando murió, su hábito tenía tantos remiendos que apenas quedaba nada de la tela original.

Los evangelios nos recuerdan que Jesús, antes de predicar, sentía compasión por las multitudes que lo seguían. A veces la sentía hasta el punto de olvidarse de comer. ¿Cómo puso en práctica Su compasión? Multiplicó los panes y los peces para satisfacer su hambre. Les dio de comer hasta que ya no fueron capaces de seguir comiendo y sobraron doce cestas llenas. Sólo entonces les dio la Buena Nueva. Eso es lo que con frecuencia tenemos que hacer en nuestro trabajo. Primero hemos de satisfacer las necesidades del cuerpo para así poder llevar a Cristo a los pobres.

Jesús me da la oportunidad de alimentarlo alimentando a aquellos que tienen hambre, de vestirlo vistiendo a los que están desnudos, de curarlo cuidando de aquellos que están enfermos y de ofrecerle cobijo proporcionando un techo a aquellos que no lo tienen y que no son deseados.

Recuerdo el día que recogí a una mujer en la calle que me pareció que se estaba muriendo de hambre. Le ofrecí un plato de arroz. Ella se quedó mirando el plato durante un largo rato. Yo intenté persuadirla para que comiera y entonces me dijo con la más absoluta simplicidad:

—No puedo creer que sea arroz. Llevo muchos días sin comer.

No condenó a nadie, no expresó ninguna queja en contra de los ricos, no pronunció una sola palabra de amargura. Simplemente no podía creer que fuera arroz.

☙❧

Sabemos lo que significa la pobreza; en primer lugar tener hambre de pan, necesitar ropa y no tener un techo. Pero hay un tipo de pobreza mucho más grande, la de no ser deseado, la de carecer de amor y la de estar abandonado. Significa no tener a nadie a quien llamar.

¿Conocemos a nuestros pobres? ¿Conocemos a los pobres que hay en nuestra casa, en nuestra familia? Tal vez no pasen hambre. Tal vez nuestros hijos, nuestro marido o esposa no tengan hambre, no estén desnudos ni desposeídos, pero ¿estamos seguros de que allí nadie se siente rechazado, privado de afecto? ¿Donde está vuestro anciano padre o anciana madre? El abandono es una pobreza terrible.

A vuestro alrededor hay muchas personas solas

en hospitales y sanatorios psiquiátricos. Muchísimas personas sin hogar. En Nueva York nuestras hermanas trabajan entre los indigentes moribundos. ¡Qué dolor causa ver a esas personas! Ahora sólo se las conoce por su dirección. Sin embargo todas ellas son hijas de alguien. Alguien las amó en otro tiempo y ellas a su vez amaron a otras personas a lo largo de su vida. Y ahora sólo se las conoce por su dirección.

Conoced a los pobres que hay entre vuestros vecinos, en vuestro barrio, en vuestro pueblo o ciudad, tal vez en vuestra familia; eso os conducirá a amarlos, y el amor os impulsará a servirlos. Sólo entonces comenzaréis a actuar como Jesús y a vivir el evangelio. Poneos al servicio de los pobres. Abrid vuestro corazón para amarlos. Sed testigos vivientes de la clemencia de Dios.

Los pobres no necesitan nuestra compasión ni lástima; necesitan nuestra ayuda. Lo que nos dan es más de lo que les damos nosotros a ellos.

Los pobres son personas maravillosas. Tienen su dignidad, la que podemos ver fácilmente. Por lo general no se los conoce y por lo tanto no se puede descubrir su dignidad. Pero tienen por encima de todo el gran valor de vivir la vida que viven. Estan obligados a vivir así; se les ha impuesto la pobreza. Nosotras elegimos la pobreza; ellos están obligados a aceptarla.

∞∞

Los pobres son nuestra oración; llevan a Dios en ellos. Dios creó el mundo y vio que era bueno. Dios creó al hombre y vio que era bueno. Dios lo creó todo y vio que cada cosa era buena. ¿Cómo podemos quejarnos de Dios por la pobreza y sufrimiento que existe en el mundo? ¿Podemos hacerlo sinceramente? Dios vio que todo era bueno. Lo que nosotros hagamos con las cosas es otro asunto.

Para ayudarnos a merecer el cielo Cristo puso una condición: En el momento de nuestra muerte, vosotros y yo, hayamos sido quienes hayamos sido y vivido dondequiera que hayamos vivido, cristianos y no cristianos por igual, todos los seres humanos que hemos sido creados por la amorosa mano de Dios a Su propia imagen, nos encontraremos ante Su presencia y seremos juzgados según lo que hayamos significado para los pobres, según lo que hayamos hecho por ellos. Este es un hermoso criterio para el juicio. Cada día más tenemos que darnos cuenta de que los pobres son la esperanza de la humanidad, porque seremos juzgados por la forma en que los hayamos tratado. Tendremos que enfrentar esta realidad cuando se nos llame ante el trono de Dios: «Tuve hambre. Estuve desnudo. Estuve sin hogar. Y todo lo que hicisteis por mis hermanos menores, a mí me lo hicisteis».

Cuando reconozcamos que nuestro prójimo que sufre es la imagen del propio Dios; cuando comprendamos las consecuencias de esa verdad, ya no existirá la pobreza y nosotras, las Misioneras de la Caridad, ya no tendremos trabajo.

∞∞

*Cristo eligió aparecer despreciado, necesitado y pobre
en este mundo para que las personas que se hallaban
en la más absoluta pobreza pudieran ser ricas en Él
poseyendo el reino de los cielos. Gocémonos y regoci-
jémonos.*

SANTA CLARA DE ASÍS

*Porque ¿quién es más importante, el que está sentado
a la mesa o el que sirve? ¿No es el que está sentado?
Pues yo estoy en medio de vosotros como el que sirve.*

JESÚS, Juan 22:27

*El perdón*

*Todo ser humano procede de la mano de Dios, y todos sabemos algo del amor que Dios siente por nosotros. Sea cual sea nuestra religión, sabemos que si realmente deseamos amar hemos de aprender primero a perdonar, antes que cualquier otra cosa.*

MADRE TERESA

*... y perdona nuestras ofensas así como nosotros perdonamos a los que nos ofenden.*

JESÚS, Mateo 6:12

En Nueva York hemos abierto una casa para enfermos de SIDA, que actualmente se encuentran entre las personas menos aceptadas de la sociedad. Pero qué cambio más inmenso ha significado en la vida de estas personas el solo hecho de que unas cuantas hermanas cuiden de ellos y les ofrezcan un hogar. Un lugar, tal vez el único, donde cada uno se siente amado, donde se es alguien para alguien. Esto les ha cambiado la vida de tal manera que su muerte es mucho más hermosa. Hasta el momento ninguno ha muerto angustiado.

El otro día me llamó una hermana para contarme que uno de los jóvenes que estaba agonizando, parecía que no pudiera morir. Entonces ella le preguntó:

—¿Qué te pasa?

—Hermana —contestó él—. No puedo morir-
me mientras no le haya pedido perdón a mi padre.

La hermana consiguió saber dónde se encontra-
ba su padre y lo llamó. Y ocurrió algo extraordinario, como una página viva del evangelio. El padre
abrazó a su hijo llorando:

—¡Hijo mío! ¡Hijo mío tan querido!

—¡Perdóname! ¡Perdóname! —le suplicó el hijo.

Y los dos se abrazaron tiernamente. Horas después el joven murió.

Cuando comprendamos que todos somos pecadores
necesitados de perdón nos será fácil perdonar a los
demás. Hemos de ser perdonados para poder perdonar. Si no entendiera esto me sería muy difícil decirle «Te perdono» a cualquier persona que acudiera
a mí.

☙❧

La confesión es un acto de inmenso amor. Sólo con
la confesión podemos entrar como pecadores con
pecado y salir como pecadores sin pecado.

La confesión no es otra cosa que la humildad

puesta en hechos. Solíamos llamarla penitencia, pero en realidad es un sacramento de amor, un sacramento de perdón. Cuando se produce una separación entre Cristo y yo, cuando mi amor está dividido, cualquier cosa puede llenar esa brecha. La confesión es el lugar donde permito que Jesús me aparte de todo lo que divide, de todo lo que destruye.

La realidad de mis pecados debe situarse en primer lugar. La mayoría de nosotros corremos el peligro de olvidar que somos pecadores y que como tales debemos recurrir a la confesión. Hemos de acudir a Dios para decirle que lamentamos todo lo que hemos hecho, todo lo que pueda haberlo herido.

El confesionario no es lugar adecuado para la conversación y la cháchara inútil. El tema deben ser mis pecados, mi arrepentimiento, mi perdón, y la manera en que puedo vencer mis tentaciones, practicar la virtud y crecer en el amor de Dios.

La penitencia es absolutamente necesaria. Nada tiene más fuerza para frenar las pasiones desordenadas del alma y someter a la razón los apetitos naturales. Con la penitencia llegamos a poseer esas alegrías y gozos que superan los placeres terrenales tanto como el alma supera al cuerpo y el cielo a la Tierra.

La penitencia es un acto de amor perfecto dirigido a Dios, a los hombres y a todo el universo. Es para nosotros una gozosa identificación con Cristo crucificado; es el deseo de perdernos en Él para que no quede nada en nosotros que no sea Él en su radiante gloria que atrae a todos los hombres hacia el Padre.

El otro día un periodista me hizo una curiosa pregunta:

—¿Incluso usted tiene que confesarse?

—Sí —le dije—. Me confieso cada semana.

—Entonces Dios tiene que ser muy exigente, si hasta usted tiene que confesarse.

—Seguro que su hijo a veces se equivoca —le dije—. Y ¿qué ocurre cuando viene y le dice «Papá, lo siento»? ¿Qué hace usted? Lo rodea con sus brazos y lo besa. ¿Por qué? Pues porque esa es su manera de decirle que lo ama. Dios hace lo mismo. Nos ama tiernamente.

Por lo tanto cuando pecamos o cometemos un error, lo que debemos hacer es servirnos de eso para acercarnos más a Dios. Digámosle humildemente

«Sé que no debería haber hecho esto, pero incluso esta falta te la ofrezco».

Si hemos pecado o cometido un error, digámosle: «¡Lo siento! Me arrepiento». Dios es un Padre que perdona. Su clemencia es mayor que nuestros pecados. Él nos perdonará.

∞∞

Esto es humildad: tener el valor de aceptar la humillación y recibir el perdón de Dios. Nuestras almas deberían ser como un cristal transparente a través del cual pudiéramos percibir a Dios.

Sin embargo, nuestro cristal a veces está cubierto de suciedad y polvo y para limpiarlo hacemos nuestro examen de conciencia, con lo que conseguimos tener el corazón limpio. Dios nos ayudará en esta tarea siempre que le permitamos hacerlo; si esa es nuestra voluntad, se cumplirá la Suya.

Tal vez sea esto lo que nos falta. El examen de conciencia es el espejo con que enfocamos la naturaleza: una prueba humana, sin duda, pero una prueba que necesita de un espejo para reflejar fielmente sus faltas. Si emprendemos esta tarea con mayor entusiasmo, quizá comprendamos que lo que a veces consideramos un obstáculo es en realidad una piedra que nos sirve de peldaño para subir. El conocimiento de nuestro pecado nos ayudará a elevarnos.

Este conocimiento es muy necesario para la confesión. Por eso los santos podían decir que eran verdaderos delincuentes ya que veían a Dios, se miraban a sí mismos y notaban la diferencia. Nos sentimos ofendidos porque no nos conocemos a nosotros mismos y porque nuestros ojos no están fijos sólo en Dios; de este modo no tenemos un verdadero conocimiento de Dios. Cuando los santos se miraban a sí mismos con ese horror lo hacían en serio. No era simulación.

El conocimiento propio nos ayudará a elevarnos, mientras que el pecado o la debilidad nos llevarán al abatimiento. La confianza profunda viene del propio conocimiento. Entonces nos volvemos hacia Jesús para que nos sostenga en nuestras debilidades; por el contrario, si nos creemos fuertes no lo necesitaremos.

La reconciliación comienza por nosotros mismos. Comienza con un corazón puro; con un corazón capaz de ver a Dios en los demás.

∞∞

En la Constitución de las Hermanas de la Caridad aparece un párrafo muy hermoso que habla de la ternura de Cristo y también de su fiel amistad y amor. Para hacer ese amor más vivo, más seguro y más tierno, Jesús nos da la eucaristía. Por eso es necesario que cada misionera de la caridad se alimente con ella, para ser una verdadera portadora del amor de Dios. Debe vivir de la eucaristía y tener el corazón y la vida entretejida con ella. Ninguna misionera de la caridad podrá dar a Jesús si no Lo tiene en su corazón.

Nuestra vida está vinculada a la eucaristía. A través de la fe y el amor por el cuerpo de Cristo bajo la apariencia de pan tomamos al pie de la letra las palabras de Cristo: «Tuve hambre y me disteis de comer, fui peregrino y me acogisteis, estaba desnudo y me vestisteis».

La eucaristía está conectada con la pasión. Esta mañana estuve dando la comunión, entre mis dedos sostenía a Jesús. Tratemos de comprender que Jesús siempre se deja partir.

La eucaristía supone mucho más que el simple recibir; también supone satisfacer el hambre de Cristo. Él nos dice «Venid a Mí». Tiene hambre de almas. En ninguna parte del evangelio se puede leer que diga «Marchaos» sino siempre «Venid a Mí». Pidámosle que nos acompañe en nuestro trabajo para que seamos capaces de hacer de éste una oración. Debemos estar realmente seguras de haber recibido a Jesús, ya que después de eso no podremos entregar a la amargura nuestras palabras, nuestros pensamientos ni nuestros corazones.

En cuanto a nosotras, jamás debemos separar la eucaristía de los pobres ni a los pobres de la eucaristía. Él satisfizo mi hambre y ahora yo voy a satisfacer la Suya de almas, por amor.

La eucaristía es el sacramento de la oración, la fuente y el punto más sublime de la vida cristiana. Pero si no nos lleva a servir y amar a los pobres, estará incompleta.

Pero alguien podría preguntar: «Y ¿quiénes son los más pobres de los pobres?». Las personas no deseadas, no amadas, las abandonadas, las hambrientas, las olvidadas, las desnudas, las que no tienen hogar, las leprosas, las alcohólicas. Y también nosotras, las misioneras de la caridad, somos las más pobres de los pobres, porque para poder trabajar, para poder ver y para poder amar, necesitamos esta unión eucarística.

⌘

Cuando recordamos que cada mañana al comulgar hemos tenido en nuestras manos toda la santidad de Dios, nos sentimos más dispuestas a rechazar todo lo que pueda manchar nuestra pureza. De eso nace un profundo respeto por nuestra propia persona, y también un respeto por los demás que nos induce a tratarlos con sensibilidad pero al mismo tiempo absteniéndonos de todo sentimentalismo desordenado.

La sagrada comunión, como lo dice la palabra, es la unión íntima de Jesús con nuestra alma y nuestro cuerpo. Los santos lo comprendieron tan bien que podían estar horas preparándose y aún más en acción de gracias. Esto no necesita ninguna explicación, porque ¿quién podría explicar «la profundidad de la riqueza, de la sabiduría y de la ciencia de Dios»? «¡Cuán insondables son sus juicios e inescrutables sus caminos!», exclamó San Pablo. «Porque ¿quién conoció el pensamiento del Señor?» Si de verdad deseamos crecer en el amor, volvamos a la eucaristía y digamos con frecuencia durante el día: «Señor, lávame de mis pecados y límpiame de mi iniquidad».

Cristo se convirtió en el Pan de Vida. Deseó entregársenos de un modo muy especial, de un modo sencillo y palpable, porque a los seres humanos nos cuesta amar a un Dios al que no podemos ver.

∞∞

*Si el mayor pecador de la Tierra se arrepintiera en el momento de su muerte y exhalara su último aliento en un acto de amor, ni las muchas gracias que ha desperdiciado ni los muchos pecados que ha cometido se lo impedirían. Nuestro Señor lo recibiría en Su clemencia.*

SANTA TERESA DE LISIEUX

*Si cuando vas a presentar tu ofrenda ante el altar te acuerdas de que tu hermano tiene algo en contra de ti, deja tu ofrenda ante el altar, ve primero a reconciliarte con tu hermano y luego vuelve para presentarla.*

JESÚS, Mateo 5:23-24

*Los niños y la familia*

*Acogeré a cualquier niño en cualquier momento, de noche o de día. Simplemente decídmelo e iré a buscarlo.*

MADRE TERESA

*Dejad que los niños se acerquen a mí y no los estorbéis, porque de ellos es el reino de Dios.*

JESÚS, Marcos 10:14

Tengo una convicción que deseo comunicaros. El amor comienza en casa; cada colaborador* o colaboradora debería tratar de asegurarse de que en su casa existe un profundo amor familiar. Solamente cuando hay amor en casa podemos compartirlo con nuestros vecinos. Entonces el amor se manifestará y podremos decirles «Sí, aquí hay amor». Y así podremos darlo a todos cuantos nos rodean.

∞∞

Un día encontré a una niñita en la calle, de modo que me la llevé a nuestro hogar para niños, una

---

* Para más información sobre los colaboradores, véanse páginas 198 y 203.

hermosa casa donde hay buena comida. Le dimos ropa limpia y tratamos de hacerla lo más feliz posible.

Pasadas unas horas la niña se escapó. La busqué pero no logré encontrarla en ninguna parte. Al cabo de unos días me la volví a encontrar y de nuevo me la llevé a nuestra casa. Esta vez le dije a una hermana:

—Por favor siga a esta niñita a donde quiera que vaya.

La niñita volvió a escaparse, pero la hermana la siguió para descubrir adónde iba y por qué volvía a escaparse.

La siguió y descubrió que la madre de la pequeña vivía bajo un árbol en la calle. Allí había colocado dos piedras para cocinar.

La hermana me envió recado y enseguida fui a su encuentro. Vi la alegría en la cara de la niñita porque estaba con su madre, que la amaba y le estaba preparando una comida especial en esa pequeña morada al aire libre.

—¿Cómo es que no quieres quedarte con nosotras? —le pregunté a la pequeña—. Allí tenías muchas cosas hermosas.

—No puedo vivir sin mi madre —me contestó—. Ella me quiere.

La pequeña era más feliz con la frugal comida que le preparaba su madre en la calle que con todas las cosas que yo le había dado.

Mientras estaba con nosotras yo casi no la veía sonreír. Pero cuando la encontré allí con su madre en la calle, las dos estaban sonriendo.

¿Por qué? Pues porque era su familia.

Puesto que el amor comienza en casa, creo que desde el principio debemos enseñar a nuestros hijos a amarse mutuamente. Creo que eso los fortalecerá para que en el futuro puedan dar ese amor a los demás.

☙❧

Ahora no recuerdo en qué ciudad me ocurrió, pero sé que en algún lugar me sorprendió no ver a ningún niño en la calle. Los echaba muchísimo en falta. Un día mientras caminaba por la calle, de pronto vi un cochecito de bebé empujado por una mujer joven. Atravesé la calle sólo para ver al niño, y ante mi terrible sorpresa, observé que allí no había ningún niño sino ¡un perrito! Por lo visto el hambre que tenía el corazón de esa mujer tenía que satisfacerse de alguna manera, por lo que se buscó un sustituto: un perro. A mí me gustan mucho los perros, pero de todos modos no soporto ver que se reemplace a un hijo por un perro.

La gente tiene miedo de tener hijos. Los hijos han perdido su lugar en la familia y están muy, muy solos. Cuando los hijos vuelven a casa de la escuela no hay nadie allí para recibirlos. Entonces se van a la calle. Hemos de volver a encontrar a nuestros hijos y hacerlos volver a casa. Las madres están en el corazón de la familia. Los niños las necesitan. Si la madre está en casa, los hijos también se quedarán. Y para que la familia esté completa, los hijos y la madre necesitan que el padre también esté presente en el hogar. Creo que si logramos contribuir a que todos se reúnan haremos algo hermoso por Dios.

Estamos aquí para dar testimonio del amor y celebrar la vida, porque la vida ha sido creada a imagen de Dios. La vida es amar y ser amados. Por eso todos tenemos que tener una firme actitud para que ningún niño o niña sea rechazado o le falte amor.

Todos los niños son signos del amor de Dios, que se ha de extender por toda la Tierra.

Si sabes de alguna mujer que no desea tener a su hijo, que quiere practicarse un aborto, trata de convencerla de que me lo traiga a mí. Yo amaré a ese niño, que es un signo del amor de Dios.

No quiero hablar sobre lo que sería legal o ilegal. Creo que ningún corazón humano debe atreverse a quitarle la vida a alguien y que ninguna mano humana debe levantarse para destruir una vida. La vida es la vida de Dios en nosotros. La vida es el mayor don que Dios ha dado a los seres humanos, y hemos sido creados a imagen de Él. La vida le pertenece, y no tenemos ningún derecho a destruirla.

Cuando María recibió el anuncio del ángel, se apresuró a ir a visitar a su prima Isabel, que estaba encinta, y el niño no nacido, Juan Bautista, exultó en el vientre de Isabel. ¡Qué maravilla! Dios Todopoderoso eligió a un niño no nacido para anunciar la venida de Su Hijo.

María, en el misterio de su anunciación y visitación, es el modelo de cómo deberíamos vivir, porque primero recibió a Jesús en su vida y luego sintió la necesidad de compartir lo que había recibido. En toda sagrada comunión, Jesús, la Palabra, se hace carne en nuestra vida, un regalo especial y delicado de Dios.

Esa fue la primera eucaristía: el don de Su hijo que estableció en ella el primer altar. María, la única que fue capaz de afirmar con total sinceridad «Este es mi cuerpo», y de ahí en adelante lo ofreció, junto con sus fuerzas y todo su ser, para formar el cuerpo de Cristo.

Nuestra madre la Iglesia ha otorgado a las mujeres un gran honor en la presencia de Dios al proclamar a María madre de la Iglesia.

∞∞

Cuando nos invitaron a cuidar de las jóvenes de Bangladesh que habían sido violadas por los soldados, vimos la necesidad de abrir una casa para niños. Las dificultades fueron muchas porque iba contra las leyes hindúes y musulmanas aceptar en la sociedad a las jóvenes que habían sido violadas. Pero cuando el jefe del estado de Bangladesh dijo que esas jóvenes eran heroínas de la nación, que habían luchado por su pureza y por su país, sus propios padres fueron a buscarlas. Algunas personas aconsejaron que abortaran, pero yo le dije al gobierno que lo que estaban haciendo era obligarlas o empujarlas a cometer una transgresión que las acompañaría toda la vida. Gracias a Dios el gobierno aceptó nuestra propuesta de que todos los niños para los cuales se había elegido el aborto fueran llevados a la casa de la Madre Teresa, donde recibirían ayuda. De los cuarenta niños que recibimos, más de treinta fueron a parar a Canadá y a otros países, adoptados por familias generosas.

Creo que el llanto de los niños, de esos que nunca nacen porque se los mata antes de que vean la luz del día, debe de ofender enormemente a Nuestro Padre.

∞∞

Le pedimos a Dios que nos enviara a alguien para que ayudara a las mujeres a hacer frente a sus dificultades con la conciencia limpia, el cuerpo sano y dentro de una familia feliz, y a nosotros acudió una hermana de la isla Mauricio que había asistido a un curso de planificación familiar.

En estos momentos hay más de tres mil familias que usan el método de planificación familiar natural, que ha sido efectivo en alrededor de un 95 por ciento de los casos. Cuando las personas ven esos buenos resultados vienen a darnos las gracias. Algunas han dicho: «Nuestra familia ha permanecido unida, con buena salud y tenemos un hijo cuando lo deseamos».

Creo que si pudiéramos llevar este método a todos los países, si pudieran aprenderlo nuestros pobres, habría más paz y más amor entre padres e hijos.

La gente suele gastarme bromas (o más bien hacer chistes a mi costa) porque enseñamos planificación familiar natural. «La Madre Teresa habla mucho de planificación familiar pero ella no la practica. Cada día tiene más hijos.»

Y así es. Nuestras casas siempre están llenas de niños. Y cuantos más llegan, más tremendamente maravilloso es Dios con nosotras. Os sorprendería ver cuánto amor se derrama sobre estos pequeños que de otro modo habrían estado destinados a vivir en las calles.

∞∞

Creo que en la actualidad el mundo está del revés. El sufrimiento ha aumentado porque hay muy poco amor en el hogar y en la vida familiar. No tenemos tiempo para nuestros hijos. No tenemos tiempo para estar los unos con los otros, ni para disfrutarnos, y esa falta de amor causa mucho sufrimiento e infelicidad en el mundo.

¿Somos capaces de percibir las necesidades de nuestros hijos? ¿Vienen a casa a estar con nosotros como Jesús iba a a estar con María, Su madre? ¿Les ofrecemos un hogar?

Cuando los apartan de nosotros y les dan malos consejos, ¿sentimos esa profunda ternura que nos hace ir tras ellos para atraerlos, para recibirlos amorosamente en nuestra casa y amarlos con todo el corazón?

Actualmente todo el mundo parece tener una terrible prisa, deseoso de alcanzar un mayor desarrollo, de tener más riqueza. Los hijos tienen muy poco tiempo para sus padres y los padres muy poco tiempo para sus hijos, y así es como la ruptura de la paz comienza en casa.

Llevad la oración a vuestras familias, llevadla a vuestros hijos pequeños. Porque un niño que ora es un niño feliz. Una familia que ora es una familia unida. ¡Son tantas las familias rotas! Y ¿por qué se han roto? Pues porque nunca oran juntas. Nunca están unidas en la oración ante el Señor.

∽∾

Nunca me olvidaré de mi madre. Por lo general estaba muy ocupada durante todo el día, pero al atardecer se daba prisa en terminar sus quehaceres para recibir a mi padre. Por aquel entonces nosotros no lo entendíamos, y solíamos sonreír e incluso gastarle alguna broma. Ahora no puedo dejar de recordar esa gran delicadeza que ella mostraba con él. Ocurriera lo que ocurriera, siempre estaba preparada para recibirlo con una sonrisa en los labios.

Ahora no tenemos tiempo. Los padres y las madres están tan ocupados que cuando llegan sus hijos a casa no los reciben con amor ni con una sonrisa.

Si ayudamos a nuestros hijos a ser lo que deberían ser hoy, entonces cuando llegue el día de mañana tendrán el valor suficiente para hacerle frente con mayor amor. Dado que el amor comienza en casa, creo que desde el principio debemos enseñar a nuestros hijos a amarse entre sí. Eso sólo lo pueden aprender de sus padres, cuando ven el amor que se tienen entre ellos. Creo que eso fortalecerá a nuestros hijos para que en el futuro puedan dar ese amor a los demás.

Las personas que de verdad se aman son las más felices del mundo. Y eso lo vemos en los más pobres. Aman a sus hijos y a sus familias. Es posible que tengan muy poco, de hecho es posible que no tengan nada, pero son personas felices.

Jesús nació en una familia y permaneció en Nazaret durante treinta años. Había venido a redimir al mundo, pero pasó treinta años en Nazaret, haciendo el humilde trabajo de una persona corriente. Todos esos años los pasó viviendo simplemente una vida familiar.

Un hijo es el mayor regalo que Dios da a una familia, porque es el fruto del amor de sus padres.

∞∞

*Si deseáis una familia feliz, si deseáis una familia santa, entregad vuestros corazones al amor.*

MADRE TERESA

*Muchos niños venían a ver a Jesús y los apóstoles los reprendían, pero Jesús les dijo: «Dejad que los niños se acerquen a mí. Yo los amo».*

*Porque ya no pueden morir y son semejantes a los ángeles y son los hijos de Dios, siendo hijos de la resurrección.*

LUCAS, 20:36

*El sufrimiento y la muerte*

*El premio con que Dios recompensa nuestra abnegación es Él mismo.*

MADRE TERESA

*Venid a mí todos los que estáis fatigados y cargados que yo os aliviaré.*

*Tomad sobre vosotros mi yugo y aprended de mí, que soy manso y humilde de corazón, y hallaréis descanso para vuestras almas pues mi yugo es blando y mi carga ligera.*

JESÚS, Mateo 11:28-30

**M**is pensamientos suelen ir hacia vosotros los que sufrís, y ofrezco vuestros sufrimientos que son más grandes que los míos.

Aquellos que estáis enfermos, cuando las cosas se ponen difíciles, refugiaros en el corazón de Cristo. Allí mi corazón encontrará con vosotros fuerza y amor.

Con frecuencia, cuando mi trabajo es muy arduo pienso en mis colaboradores enfermos y le digo a Jesús: «Mira a estos hijos tuyos que sufren y por ellos bendice mi trabajo». Al instante me siento reanimada. Veréis, ellos son nuestro tesoro escondido, la fuerza secreta de las misioneras de la caridad. Personalmente me siento muy feliz y una nueva fuerza invade mi alma cuando pienso en las personas que están unidas espiritualmente a nosotras.

Hace poco se produjo por toda Bengala una verdadera lluvia de caridad. De todas partes llegaron alimentos y ropas, procedentes de escuelas, hombres, mujeres y niños, para que fueran distribuidas entre los damnificados por el desastre causado por el monzón. Fue terrible, pero llevó a algo muy hermoso; a la contribución, al conocimiento y a la preocupación de que nuestros hermanos y hermanas estaban sufriendo debido a un desastre natural. Y muchas personas decidieron movilizarse para ayudarlos. Las hubo que prepararon comidas en sus casas para compartirlas con los necesitados. Fue muy hermoso ver que ese terrible sufrimiento logró hacer tanto bien en tantas personas.

El sufrimiento nunca está totalmente ausente de nuestra vida. Así pues, no le tengamos miedo. Es un medio fabuloso para el amor si sabemos aprovecharlo, y sobre todo si lo ofrecemos para que haya paz en el mundo. El sufrimiento en sí mismo y de forma aislada es inútil, pero el que participa de la pasión de Cristo es un don maravilloso y una señal de amor. El sufrimiento de Cristo resultó ser un regalo, el mayor regalo de amor, porque a través de él fueron expiados nuestros pecados.

El sufrimiento, el dolor, la aflicción, la humillación, los sentimientos de soledad, no son otra cosa que el beso de Jesús, señal de que nos hemos acercado tanto a Él que puede besarnos.

No olvidemos que la pasión de Cristo acaba siempre en la alegría de la resurrección, de modo que, cuando sintamos en el corazón el sufrimiento de Cristo, recordemos que tiene que llegar la resurrección. Jamás permitamos que algo nos llene de tanta aflicción que nos haga olvidar la alegría de la resurrección de Cristo.

∞·∞

En veinticinco años hemos recogido a más de 36.000 personas de la calle y más de 18.000 han muerto de una manera muy hermosa.

Cuando las recogemos de la calle les damos un plato de arroz, y en un momento las reanimamos. Hace unas cuantas noches recogimos a cuatro personas. Una de ellas, una mujer, estaba en unas condiciones terribles, cubierta de heridas y llena de gusanos. Les dije a las hermanas que yo cuidaría de ella mientras ellas atendían a las otras tres. Hice todo lo que mi amor podía hacer por esa persona. La puse en la cama y entonces ella me cogió la mano. Con una hermosa sonrisa en la cara me dijo «Gracias», y murió.

Hay grandeza en el amor. Tenía hambre de amor y recibió ese amor antes de morir. Sólo pronunció una palabra, pero esa palabra expresó su amor comprensivo.

En Nueva York tenemos una casa para enfermos de SIDA que se están muriendo de lo que yo llamo «la lepra de Occidente». La inauguré el día de Nochebuena como regalo de cumpleaños para Jesús. Comenzamos con quince camas para pacientes de SIDA sin recursos y cuatro jóvenes a los que saqué de la cárcel porque no querían morir allí. Ellos fueron nuestros primeros acogidos. Hice construir una pequeña capilla, para que esos jóvenes que no habían estado cerca de Jesús pudieran volver a Él si querían y, gracias a las bendiciones de Dios y a Su amor, sus corazones cambiaron totalmente.

Una vez que estuve allí, fui a visitar a uno de ellos que había tenido que ser hospitalizado y cuando me encontré ante él me dijo:

—Madre Teresa, usted es mi amiga. Quiero hablar con usted a solas.

Las hermanas salieron. ¿Y qué fue lo que me dijo ese joven? No se había confesado ni recibido la sagrada comunión en veinticinco años. En todos esos años no había tenido nada que ver con Jesús.

—¿Sabe, Madre Teresa? cuando tengo un terrible dolor de cabeza lo comparo con el dolor que sintió Jesús cuando lo coronaron con espinas. Cuando siento ese terrible dolor en la espalda lo comparo con el que sintió Jesús cuando lo flagelaron. Cuando siento ese terrible dolor en las manos y pies lo comparo con el dolor que sintió Jesús cuando lo crucificaron. Le pido que me lleve de vuelta a casa. Quiero morir con ustedes.

Le pedí permiso al doctor para llevármelo a casa. Lo puse en la capilla. Jamás he visto a nadie hablar con Dios del modo como le habló ese joven. Había un enorme y comprensivo amor entre Jesús y él. Pasados tres días, murió.

Es difícil entender el cambio que experimentó

esa persona. ¿Qué lo produjo? Quizá fue el tierno amor que le dieron las hermanas lo que le hizo comprender que Dios lo amaba.

Como cristianos hemos sido creados para grandes cosas. Hemos sido creados para ser santos ya que fuimos hechos a imagen de Dios. Por eso, cuando alguien muere, está destinado a volver a casa, a Dios. Allí es adonde todos iremos.

∞∞

Una de nuestras hermanas, la que había sido enviada a estudiar, murió el mismo día en que iba a recibir el título. En el lecho de muerte le preguntó a su superiora:

—¿Por qué Jesús me ha llamado para tan poco tiempo?

—Jesús te quiere a ti, no a tus obras —le contestó ella.

Y con esa respuesta murió en paz.

En el momento de la muerte no seremos juzgados por la cantidad de trabajo que hayamos hecho sino por la cantidad de amor que hayamos puesto en nuestro trabajo. Ese amor ha de nacer de la abnegación y debe sentirse hasta que duela.

Al final, la muerte es sólo el medio más fácil y rápido de volver a Dios. ¡Si lográramos hacerle entender a la gente que venimos de Dios y que tenemos que volver a Él!

La muerte es el momento más decisivo de la vida. Es como nuestra coronación: morir en paz con Dios.

La muerte puede ser algo hermoso. Es como volver a casa. Aquel que muere en Dios va a su casa, aunque naturalmente nosotros echaremos de menos a la persona que se ha marchado. Pero es algo hermoso. Esa persona a vuelto a casa, a Dios.

*Veíame morir con deseo de ver a Dios, y no sabía adónde había de buscar esta vida si no era con la muerte. Sobre mi espíritu centellean y flotan en divino resplandor las fulgurantes y gloriosas visiones del mundo al que voy.*

SANTA TERESA DE ÁVILA

*En verdad, en verdad os digo que el que escucha mi palabra y cree en el que me envió tiene la vida eterna... [...] Llega la hora, y es ésta, en que los muertos oirán la voz del Hijo de Dios, y los que la escucharen vivirán.*

JESÚS, Juan 5:24, 25

*Las Misioneras de la Caridad*

*Lo que se exige de una misionera de la Caridad es lo siguiente: salud de mente y cuerpo, capacidad para aprender, una buena dosis de sentido común y un carácter alegre.*

MADRE TERESA

*Una sola cosa te falta: vete, vende cuanto tienes y dalo a los pobres [...] luego ven y sígueme.*

JESÚS, Marcos 10:21

Nuestras hermanas y nuestros hermanos se llaman Misioneros de la Caridad. Son personas jóvenes llamadas a ser portadoras del amor de Dios. Misionera es la persona que es enviada con una misión, con un mensaje que entregar. Del mismo modo que Jesús fue enviado por Su Padre, nosotros también hemos sido enviados por Él y llenados de Su Espíritu para dar testimonio de Su evangelio de amor y compasión, primero en nuestras comunidades y después en nuestro apostolado entre los más pobres de los pobres del mundo.

Yo supe que Dios deseaba algo de mí cuando apenas tenía doce años. Cuando sentí por primera vez el deseo de ser monja vivía con mis padres en Skopje (Yugoslavia, ahora Macedonia). Por aquel entonces había muy buenos sacerdotes que ayudaban a los chicos y chicas a seguir su vocación, según la llamada de Dios, y fue en aquella época cuando comprendí que mi llamada era para socorrer a los pobres.

Entre los doce y los dieciocho años mis deseos de hacerme monja quedaron un poco en el olvido, pero a los dieciocho decidí marcharme de casa y entrar en las Hermanas de Nuestra Señora de Loreto. Desde entonces jamás he tenido la menor duda de que hice lo correcto. Era la voluntad de Dios y Él tomó la decisión. Las Hermanas de Loreto se dedicaban a la enseñanza, que es un auténtico apostolado por Cristo. Pero mi vocación concreta dentro de la vocación religiosa iba dirigida a los más pobres de los pobres. Fue una llamada dentro de mi vocación, como una segunda vocación, así que dejé Loreto, donde era feliz, y me puse a servir a los pobres de las calles.

Un día de 1946, mientras viajaba en tren hacia Darjeeling para hacer unos ejercicios espirituales, sentí la llamada de renunciar a todo para seguir a Cristo en los barrios más miserables y servir a los más pobres de los pobres.

∞∞

Nuestra vida espiritual es una vida de confianza en y dependencia de Dios. Nuestro trabajo es oración porque lo hacemos a través de Jesús, en Jesús y por Jesús.

Una vocación es un regalo de Cristo, pues como Él dijo: «Yo os he elegido». Toda vocación debe pertenecer realmente a Cristo. El trabajo que estamos llamados a realizar es simplemente un medio para dar substancia concreta a nuestro amor por Dios.

Nuestra vocación no es otra cosa que pertenecer a Cristo. El trabajo que hacemos sólo es el medio para poner nuestro amor por Cristo en hechos.

Todas las congregaciones religiosas, monjas, sacerdotes e incluso el Santo Padre tenemos la misma vocación: pertenecer a Jesús. «Os he elegido para que seáis míos». Esa es nuestra vocación. La manera de cumplirla, el empleo que hacemos de nuestro tiempo, puede ser diferente. El trabajo con que ponemos en hechos nuestro amor por Jesús es sólo el medio, así como la ropa que usamos. Yo uso esto, tú usas aquello: sólo un medio. Pero una vocación no es un medio. Para un cristiano la vocación es Jesús.

Todos hemos sido llamados por Dios. En cuanto misioneros debemos ser portadores del amor de Dios, dispuestos a correr, como María, en busca de almas; luces encendidas que iluminen a todos los hombres; la sal de la tierra, almas consumidas por un solo deseo: Jesús.

Cuando decimos *sí* a Dios, hemos de saber exactamente qué hay en ese *sí*. *Sí* significa «Me entrego» total y absolutamente, sin calcular el precio, sin hacer ningún análisis «¿Está bien esto? ¿Es conveniente?». Nuestro *sí* a Dios se da sin ninguna reserva.

Dejaremos que sólo Dios haga planes para el futuro, porque el ayer ya pasó, el mañana aún no ha llegado y sólo tenemos el hoy para darlo a conocer, amar y servir.

La entrega total a Dios debe expresarse en pequeños detalles, a medida que se presenta en grandes detalles. No es otra cosa que una sola palabra: *¡Sí!* «Acepto lo que sea que me des, y te doy lo que sea que cojas». No significa hacer cosas extraordinarias ni comprender grandes cosas; es una simple aceptación porque me he entregado a Dios, porque Le pertenezco.

Si algo me pertenece, tengo todo el poder para usarlo como quiera. Yo pertenezco a Jesús, Él puede hacer lo que quiera conmigo.

La entrega total supone amorosa confianza. Uno no se puede entregar del todo mientras no confíe amorosa y totalmente. Jesús confiaba en Su Padre porque Lo conocía, conocía Su amor.

«Mi Padre y Yo somos uno.»

«El Padre está en mí y yo estoy en el Padre.»

«No estoy solo, el Padre está conmigo.»

«Padre, en tus manos encomiendo mi Espíritu.»

Si leemos el evangelio de San Juan podemos ver cuántas veces Jesús empleó la palabra «Padre».

Hemos de estar vacíos si queremos que Dios nos llene. Hemos de ser capaces de entregarnos hasta tal punto a Dios que Él pueda poseernos. Hemos de «dar lo que Él tome y aceptar lo que sea que Él dé».

El abandono total consiste en entregarse totalmente a Dios porque Dios se ha entregado a nosotros. Si Dios, que no nos debe nada, está dispuesto a darnos nada menos que a Sí Mismo, ¿podemos responderle entregándole solamente una parte de nosotros mismos?

Renunciando a mí misma me doy a Dios para que Él pueda vivir en mí. ¡Qué pobres seríamos si Dios no nos hubiera dado el poder para entregarnos a Él! ¡Y qué ricos somos ahora! ¡Qué fácil es conquistar a Dios! Nos entregamos a Él, y Él se entrega a nosotras, y a partir de ese momento no tenemos otra cosa que Dios.

Persuadidas de nuestra insignificancia y con la bendición de la obediencia, lo emprendemos todo sin ninguna duda, porque con Dios todas las cosas son posibles.

Muchas veces le decimos a Cristo: «Hazme partícipe de tus sufrimientos», pero cuando alguien se nos muestra insensible, con qué facilidad olvidamos que ese es el momento de participar con Él. Nos bastaría recordar que esa persona o circunstancia es la oportunidad que Jesús nos brinda para hacer algo hermoso por Él.

Si ha habido resentimiento en nuestros corazones o no hemos aceptado la humillación, no aprenderemos la humildad. La humildad no se puede aprender en libros. Jesús aceptó la humillación. Jesús vino a hacer la voluntad de Su Padre, y la cumplió desde el principio hasta el fin.

Hemos de mantener constantemente Sus intereses en el corazón y la mente, para llevar a nuestro Señor a sitios donde no ha estado nunca, sin miedo a hacer las cosas que Él hizo, pasando con valentía por peligros y por la muerte con Él y por Él; dispuestas a aceptar alegres la necesidad de morir cada día si queremos llevar las almas a Dios, de pagar el precio que Él pagó por las almas; siempre dispuestas a respetar y a valorar las costumbres desconocidas de otros pueblos, sus condiciones de vida e idioma, dispuestas a adaptarnos si es necesario, felices de emprender cualquier trabajo y fatiga, y contentas de hacer cualquier sacrificio que nos exija nuestra vida misionera.

Esto nos impone la gran responsabilidad de luchar contra nuestro ego y contra el amor a las comodidades que nos induciría a elegir una mediocridad cómoda e insignificante. Estamos llamadas a hacer de nuestra vida una emulación de Cristo; estamos llamadas a ser guerreras vestidas con saris porque la iglesia en la actualidad necesita luchadores. Nuestro grito de guerra debe ser «Lucha, no huida».

Hoy en día la iglesia de Dios necesita santos. Iremos libremente en nombre de Jesús a ciudades y a pueblos de todo el mundo, incluso a sitios miserables y peligrosos, con María la Madre Inmaculada de Jesús, en busca de los más pobres entre los pobres espirituales, con el tierno afecto de Dios, para proclamarles la Buena Nueva de la salvación y esperanza, cantando con ellos Sus canciones, llevándoles Su amor, paz y alegría. Animosas iremos a todas partes de la vasta creación de Dios, desde el más remoto lugar del planeta hasta las profundidades del mar, desde la capilla de un convento abandonado hasta otra iglesia abandonada, desde una clínica de abortos de una ciudad hasta la celda de una cárcel de otra, desde la fuente de un río en un continente hasta la cueva solitaria en la montaña de otro, e incluso al cielo y a las puertas del infierno, orando con y por la creación de Dios, para salvar y santificar a cada uno de aquellos por quienes ha sido derramada la sangre del Hijo de Dios.

En el mundo actual hay personas que luchan por la justicia y los derechos humanos. Nosotras no tenemos tiempo para eso porque estamos en contacto diario y continuo con personas que se están muriendo por un trozo de pan y un poco de afecto.

¿Debo dedicarme a la lucha por la justicia cuando las personas más necesitadas se mueren ante mis ojos por falta de un vaso de leche?

Sin embargo, deseo dejar claro que no condeno a quienes luchan por la justicia. Creo que existen diferentes opciones para el pueblo de Dios. Para mí lo más importante es servir a las personas más necesitadas. Siguiendo la vocación de las Misioneras de la Caridad nos presentamos al mundo como embajadoras de la paz, predicando el mensaje del amor en actos que superan todas las barreras de las nacionalidades, credos o países.

En los barrios pobres las hermanas deben encontrar un sitio donde reunir a los niños de las calles, sean quienes sean. Su primera preocupación es limpiarlos y alimentarlos, y sólo después de eso enseñarles y prepararlos para su admisión en escuelas regulares. El amor de Dios debe proponérseles de un modo sencillo, interesante y atractivo.

Si alguna hermana no está de humor no le permito que vaya a visitar a los pobres. Los pobres ya tienen suficientes motivos para sentirse tristes como para cargar con la aflicción de nuestros propios malos humores.

Hay muchísima infelicidad y sufrimiento en todas partes. Nuestra naturaleza humana permanece con nosotras desde el comienzo hasta el final. Hemos de trabajar mucho cada día para vencernos a nosotras mismas.

Hemos de pedir la gracia de amarnos mutuamente, como dijo Jesús: «Amaos los unos a los otros como Yo os he amado». Para poder hacer eso nuestras hermanas llevan una vida de oración y sacrificio. Por eso comenzamos nuestro día con la comunión y la meditación.

Todas las noches, cuando volvemos del trabajo, nos reunimos en la capilla para hacer una hora ininterrumpida de adoración. En la quietud de la oscuridad encontramos paz en la presencia de Cristo. Esa hora de intimidad con Jesús es algo muy hermoso. He visto un gran cambio en nuestra congregación desde el día en que comenzamos a hacer adoración diaria. Nuestro amor por Jesús es más íntimo. Nuestro amor entre nosotras es más comprensivo. Nuestro amor por los pobres es más compasivo.

Nuestras hermanas y nuestros hermanos trabajan por los más pobres de los pobres, los enfermos, los moribundos, los leprosos, los niños abandonados. Pero puedo deciros que en todos estos años jamás he oído a los pobres murmurar ni maldecir, ni he visto a ninguno de ellos abatido por la tristeza. Los pobres son gente fabulosa; son capaces de aceptar cosas muy difíciles.

La indiferencia de las personas que pasan junto a aquellos que nosotros recogemos es una confirmación de su ignorancia y falta de fe. Si estuvieran convencidas de que esa persona que está en el suelo es su hermano o hermana, creo que indudablemente harían algo por ella. Pero por desgracia, no saben lo que es la compasión y no conocen a esos seres. Si los comprendieran, inmediatamente se darían cuenta de la grandeza de esas personas que están tiradas en las aceras. Las amarían naturalmente, y amarlas las conduciría a servirlas.

Al mundo le parece una estupidez que nos guste la comida de los pobres, que disfrutemos comiendo sémola ordinaria e insípida, que sólo poseamos tres mudas de hábitos hechos con tela basta o sotanas viejas, que las remendemos y les pongamos parches, que los cuidemos mucho y nos neguemos a tener mudas extras; que caminemos felices con cualquier tipo de zapato; que nos bañemos con sólo un balde de agua en cuartos de baño muy pequeños; que sudemos y no queramos usar abanico; que teniendo hambre y sed no aceptemos comer en las casas de la gente; que no tengamos radios ni gramófonos, que nos podrían calmar los nervios destrozados después de un duro día de trabajo; que caminemos largas distancias bajo la lluvia o bajo el sol abrasador del verano, o nos traslademos en bicicleta o bien en tranvías o trenes abarrotados en segunda y tercera clase; que durmamos en camastros renunciando a los mullidos colchones que aliviarían nuestro cuerpo dolorido; que en la capilla nos arrodillemos sobre esteras bastas y delgadas, renunciando a las suaves alfombras; que nos acostemos en las salas comunes de los hospitales cuando fácilmente podríamos tener nuestras propias habitaciones; que en casa trabajemos como criadas cuando fácilmente podríamos tener sirvientes y hacer sólo los trabajos livianos; que disfrutemos limpiando los váteres y la suciedad como si eso fuera el trabajo más maravilloso del mundo y que a todo eso lo llamemos tributo a Dios. En opinión de algunos, de este modo desperdiciamos nuestra preciosa vida y enterramos nuestros talentos.

Sí, así sería si sólo usáramos la luz de la razón, porque nuestra vida no tendría ningún sentido si no mirásemos a Cristo en su pobreza.

Nuestro maravilloso trabajo con y por los pobres es un privilegio y un regalo para nosotras. Creo que si acudimos a los pobres con ese amor, con el único deseo de darles a Dios, de llevar a sus hogares la alegría de Cristo (que es nuestra fuerza), si ellos nos miran y ven en nosotras a Jesús y su amor y compasión, muy pronto el mundo estará lleno de paz y amor.

La verdad es que la ternura del amor de Dios es extraordinaria. Cuando miramos la cruz sabemos cuánto nos amó Jesús entonces. Cuando miramos el tabernáculo sabemos cuánto nos ama ahora. Quedémonos a solas con Jesús, así nuestros corazones se llenarán de la alegría que sólo Él puede dar.

Tratad de poner en práctica la adoración en vuestra vida. Notaréis un cambio en vuestra vida, en vuestra familia, en vuestra parroquia y en vuestro entorno. La Iglesia somos cada uno de nosotros, tú y yo.

«Te he llamado por tu nombre», dijo Jesús, «eres mío. Eres precioso a mis ojos. Te amo». Si amáis a Cristo os será fácil pertenecerle totalmente y darlo a todas las personas que encontréis.

Dios me ama. No estoy aquí solamente para ocupar un lugar, sólo para ser una cifra. Él me ha elegido para una finalidad. Lo sé.

☙❦❧

*Amado Señor:*

*Ayúdame a esparcir tu fragancia dondequiera que vaya.*

*Inunda mi alma de tu espíritu y vida.*

*Penetra y posee todo mi ser hasta tal punto que toda mi vida sólo sea una emanación de la tuya.*

*Brilla a través de mí, y mora en mí de tal manera que todas las almas que entren en contacto conmigo puedan sentir tu presencia en mi alma.*

*Haz que me miren y ya no me vean a mí sino solamente a ti, oh Señor.*

*Quédate conmigo y entonces comenzaré a brillar como brillas Tú; a brillar para servir de luz a los demás.*

*La luz, oh Señor, irradiará toda de Ti; no de mí; serás Tú,* quien ilumines a los demás a través de mí.

Permíteme pues alabarte de la manera que más te gusta, brillando para quienes me rodean.

Haz que predique sin predicar, no con palabras sino con mi ejemplo, por la fuerza contagiosa, por la influencia de lo que hago, por la evidente plenitud del amor que te tiene mi corazón.

Amén.

JOHN HENRY NEWMAN
(Esta es una de las oraciones favoritas de la
Madre Teresa, que recitan cada día las Misione-
ras de la Caridad.)

*Yo soy la luz del mundo; aquél que me siga no andará en tinieblas, ya que tendrá la luz de la vida.*

JESÚS, Juan 8:12

*La Madre Teresa:*

*Conversación*

*El vestido del amor lleva un orillo*
*que se arrastra por el polvo,*
*y barre la suciedad*
*de las calles y caminos,*
*y puesto que puede, debe hacerlo.*

MADRE TERESA

*Venid, benditos de mi padre,*
*tomad posesión del reino preparado para vosotros*
*desde la creación del mundo;*
*porque tuve hambre y me disteis de comer,*
*tuve sed y me disteis de beber,*
*fui peregrino y me acogisteis,*
*estaba desnudo y me vestisteis,*
*enfermo y me visitasteis,*
*preso y vinisteis a verme.*
*Cuantas veces hicisteis eso a uno de estos*
*mis hermanos menores,*
*a mí me lo hicisteis.*

JESÚS, Mateo 25:34-36, 40

En esta entrevista la Madre Teresa habla sinceramente sobre la congregación que fundó, sobre su trabajo en el mundo con los «más pobres de
los pobres» y sobre su fe. Estos textos están toma-
dos de algunas de las conversaciones que mantuvie-
ron la Madre Teresa y José Luis Bonzales Balado.

*Madre Teresa, ¿le resulta fácil hacer su trabajo entre los pobres?*

No sería fácil sin una intensa vida de oración y
un espíritu de sacrificio. Tampoco sería fácil si no
viéramos en los pobres a Cristo, que continúa sufriendo los tormentos de Su pasión. A veces nos
sentiríamos felices si lográramos que los pobres vivieran en paz entre ellos. Es muy difícil para las personas que han estado privadas de lo más elemental

vivir en armonía y apoyar a su prójimo sin considerarlo un peligroso competidor, capaz de empeorar aún más su estado de pobreza. Por eso no podemos ofrecerles otra cosa que nuestro testimonio de amor, ver en cada uno de ellos al propio Cristo, por desagradables que nos parezcan.

*¿Cómo consigue tantas vocaciones?*

Es Dios quien las envía. Vienen a ver. A veces vienen de muy lejos. Muchas de ellas han sabido de nosotras a través de los periódicos.

*Con las hermanas que tiene, ¿consigue hacerlo todo?*

Lamentablemente las necesidades son siempre mayores que nuestra capacidad para satisfacerlas.

*Madre Teresa, ¿qué la impulsa a abrir nuevas casas?*

Si Dios continúa enviándonos tantas vocaciones, no será para tenerlas escondidas en los conventos. Lo que Él quiere es multiplicar el trabajo de ayuda a los más pobres de los pobres.

*¿Cuál es su criterio para abrir nuevas casas en la India y en el extranjero?*

Jamás abrimos una casa sin haber sido previamente invitadas por el obispo local. De hecho, las actuales peticiones de ayuda sobrepasan con mucho nuestra capacidad de atenderlas. Por lo general, y basándonos en nuestra Constitución, cuando recibimos una invitación para abrir una nueva casa, primero vamos a investigar las condiciones de vida de los pobres de esa región. Jamás decidimos abrir una casa por un motivo que no sea el de servirles a ellos. Normalmente la decisión de abrir una nueva casa se toma después de realizadas estas investigaciones, a excepción de los casos de necesidad muy extrema.

*¿Qué importancia le da a la apariencia externa?*

Muy poca o ninguna. En cuanto al hábito, aunque el sari forma parte de nuestra forma normal de vestirnos, estaríamos dispuestas a modificarlo o a dejarlo si viéramos que no íbamos a ser aceptadas por nuestra manera de vestir. Adoptaríamos cualquier otro vestido si supiéramos que va a ser mejor aceptado por los pobres dondequiera que nos sintiéramos llamadas a realizar nuestro trabajo.

*¿Qué le da la fuerza para realizar su trabajo?*

Desde el primer momento se nos enseña a descubrir a Cristo bajo el penoso disfraz de los pobres, los enfermos y marginados. Cristo se presenta bajo todos los disfraces: los moribundos, los paralíticos, los leprosos, los inválidos, los huérfanos. Es la fe la que hace fácil o más soportable nuestro trabajo, el cual exige tanto una preparación especial como una vocación especial. Sin la fe, nuestro trabajo podría ser un obstáculo para nuestra vida religiosa, ya que en todo momento nos enfrentamos a la blasfemia, la maldad y el ateísmo.

*¿Qué importancia da a los temas religiosos en su trabajo?*

No somos simples asistentas sociales, sino misioneras. Sin embargo, tratamos de evangelizar exclusivamente mediante nuestro trabajo, dejando que Dios se manifieste en él. A los niños les enseñamos el catecismo en nuestros orfanatos. Con los adultos sólo tomamos la iniciativa cuando ellos piden instrucción o cuando nos hacen preguntas sobre el tema. Todas las hermanas reciben una buena formación religiosa durante el noviciado y también después. No nos gusta ocupar el lugar de personas más competentes que nosotras en algunos temas. Por ejemplo, cuando alguien nos hace preguntas más difíciles las enviamos a los sacerdotes, o a aquellos que están obviamente relacionados con su ministerio. En cuanto al criterio para ofrecer nuestra asistencia, jamás nos basamos en las creencias religiosas de los necesitados, sino en la propia necesidad. No nos importan las creencias religiosas de las personas a las que ayudamos, sólo la urgencia de su necesidad.

*¿Tienen alguna preferencia las Misioneras de la Caridad entre las personas a quienes asisten?*

Si hay alguna, es para los más pobres de los pobres, los más abandonados, aquellos que no tienen a nadie que cuide de ellos, los huérfanos, los moribundos, los leprosos.

*Según algunos, el trabajo de las Misioneras de la Caridad en las casas para los indigentes moribundos sólo sirve para prolongar el sufrimiento de estas personas, ya que los que recuperan la salud vuelven a las calles, donde encuentran los mismos problemas de enfermedad y pobreza. ¿Qué tiene que decir a eso?*

Siempre que nos es posible, procuramos no limitar nuestra atención sólo al cuidado médico. Tratamos de conseguir la reinserción humana y social de los que recuperan la salud. Es cierto que en muchos casos estas personas que se recuperan prefieren la libertad de las calles a los espacios cerrados de nuestros entornos, pero eso es algo que no podemos impedir. Actuamos con la convicción de que cada vez que alimentamos a un pobre ofrecemos comida al propio Cristo. Siempre que vestimos a un ser humano desnudo vestimos a Cristo. Siempre que ofrecemos techo a un moribundo albergamos al propio Cristo.

*Hay quienes aseguran que la formación médica de las Misioneras de la Caridad es demasiado rudimentaria para cuidar a los enfermos graves.*

Eso lo sé. Nuestra formación médica es limitada, pero tratamos de ofrecer asistencia y cuidado a aquellos que, en la mayoría de los casos, no tienen a nadie que les ofrezca ni siquiera la atención médica más elemental.

*También se ha dicho que la atención que ofrecen en esos casos tan extremos sería mejor aplicarla a aquellos que tienen más posibilidades de sobrevivir.*

Tratamos de asistir a las personas que necesitan atención, y con prioridad a aquellos que tienen la mayor necesidad de ayuda. No le volvemos la espalda a nadie.

Nadie queda fuera de nuestra voluntad de servir. En cada hermano enfermo vemos la imagen de Cristo que sufre en él. Aun cuando tengamos que limitar nuestra atención a unos pocos, debido a la necesidad o a los recursos tan reducidos con que contamos, nuestro deseo es expandir la caridad.

*A veces no es mucho lo que ustedes hacen o pueden hacer por los moribundos, ¿verdad?*

Al menos les dejamos la impresión de que hay personas que los aman de verdad, porque los moribundos también son hijos de Dios y se merecen ser amados tanto o tal vez incluso más que cualquier otra persona.

*¿Alguna vez siente repugnancia ante tanta sordidez?*

Sí, realizamos nuestro trabajo principalmente entre los moribundos, los ancianos indigentes, los pobres, los huérfanos y los leprosos. No podemos negar que en muchos casos el trabajo nos resulta difícil. No siempre lo hacemos en condiciones aceptables. Pero todas nos sentimos mejor trabajando entre los pobres que entre los ricos. Este es el trabajo de nuestra vida. Durante el noviciado, que dura dos años, dedicamos la mitad del día a hacer nuestro trabajo entre los pobres. Las novicias trabajan bajo la supervisión de hermanas mayores. Después, antes de hacer los votos finales, pasamos varios años más sirviendo a los pobres. El trabajo casi se nos convierte en hábito, lo cual lo hace más fácil, instintivo y natural, sin ser mecánico.

*¿Qué importancia atribuye a su misión de asistencia?*

Nuestro servicio no se limita a un simple alivio material. Queremos ofrecer cuanto sea necesario para que los más pobres de los pobres no se sientan abandonados y para que comprendan que hay personas que los quieren y que se preocupan de ellos. Queremos que nuestro trabajo consiga lo que un funcionario de nuestro país les dijo una vez a las hermanas: «Es Cristo que vuelve a andar entre nosotros haciendo el bien en favor de los hombres».

*¿Qué hacen ustedes por los leprosos?*

Sólo en Calcuta ofrecemos asistencia a más de veinte mil afectados por esta enfermedad, y a cincuenta mil en toda la India. Sabemos que eso no es nada en un país donde hay cuatro millones de enfermos de lepra. Lo primero que hacemos por aquellos que reciben nuestra ayuda es convencerlos de que tienen esta enfermedad. Conseguimos los medicamentos necesarios y tratamos de curarlos. Actualmente no es necesario que los leprosos vivan aislados. Si logramos cogerlos a tiempo, se pueden curar

del todo. Así pues, lo primero que hacen las hermanas, antes que nada, es tratar de convencer a estas
personas de que asuman la enfermedad. En la India
la lepra se considera un castigo de Dios; es parte de
su religión. Las hermanas hacen todo lo posible
para curarlos y para librarlos de esa creencia.

*¿De quién reciben ayuda?*

De todo el mundo, gracias a Dios. Tenemos colaboradores y benefactores hindúes, musulmanes,
parsis, judíos, budistas, protestantes y, naturalmente, católicos.

*¿Se le ha ocurrido pensar que un día podría encontrarse sin
los recursos necesarios para su trabajo?*

Nunca tenemos excedentes, pero tampoco nos
ha faltado de nada. A veces ocurre de una forma ex-
traña, casi milagrosa. Nos despertamos sin recursos,
con la angustia de que no podremos atender a nuestros necesitados, y a las pocas horas casi siempre
vemos llegar las provisiones más inesperadas, procedentes de donantes anónimos. De católicos, protes-

tantes, budistas, judíos, parsis, musulmanes e hindúes. De adherentes de cualquier religión o de ninguna religión. De ricos y de pobres.

*¿Cómo es el trabajo que ustedes hacen?*

De suyo no es un trabajo importante, es el más
humilde que existe. Creemos que su valor procede
del espíritu del amor de Dios que lo inspira. Es imposible amar a Dios sin amar al prójimo. Por otro
lado, ninguna misionera de la caridad olvida las pa
labras de Cristo «Tuve hambre y me disteis de comer». Eso es lo que tratamos de hacer: alimentar,
vestir y visitar a Cristo en los enfermos, los moribundos, los leprosos y los niños abandonados.

*¿Podría hablar de su trabajo con los niños abandonados?*

Sí, empezamos nuestra obra con ellos y continua-
mos con ellos. Los niños huérfanos y abandonados
son, lamentablemente, el tipo de niños que nunca fal-
tan. Una vez, cuando empezamos con nuestro
trabajo, un policía nos trajo a un grupo de niños a los
que habían sorprendido robando. Eran demasiado

jóvenes para meterlos en la cárcel junto con los delincuentes comunes. Yo les pregunté por qué lo hacían. Me explicaron que todas las tardes de cinco a ocho los adultos les daban lecciones de cómo robar.

*¿Qué futuro tienen los niños que ustedes rescatan?*

Creo que no hay mejor manera de ayudar a la India que preparar un mañana mejor para los niños de hoy. Cuidamos de los más pobres de esos niños, los que recogemos en los barrios bajos. Todos necesitan un subsidio mensual de unos pocos dólares. Es muy conmovedor ver como los niños de otros países, franceses, británicos, alemanes, españoles, suizos, daneses e italianos, hacen donaciones de sus ahorros. Abrimos una cuenta de ahorro para cada niño que recogemos. Cuando el niño es mayor y siempre que esté capacitado, recibe educación superior, de lo contrario se le enseña un oficio, para que pueda ganarse la vida.

*Las Misioneras de la Caridad ven injusticias terribles.*
*¿Cómo reaccionan ante ellas?*

Las injusticias están ahí a la vista de todos. Depende de las grandes organizaciones proveer o promover las formas de elevar la calidad de vida de las masas que sufren la injusticia. Diariamente entramos en contacto con personas que han sido rechazadas por la sociedad. Nuestro primer objetivo es ayudarlas a conseguir un desarrollo básico. Tratamos de restablecerles el sentido de dignidad que deben tener como seres humanos y también como hijos del mismo Padre. Para hacer esto no nos fijamos en si se están muriendo o tienen toda la vida por delante.

*¿Reciben ustedes alguna ayuda del gobierno indio?*

No recibimos ninguna ayuda directa, pero tenemos que reconocer que el gobierno nos ayuda de modo muy eficaz con la confianza, cariño y respeto que nos muestra. Esto nos facilita, por ejemplo, la obtención de tierras para el trabajo que realizamos y el transporte gratis en los ferrocarriles estatales.

*¿Reciben alguna exención del gobierno indio? ¿Se les permite importar todo lo que quieren sin pagar aranceles?*

No todo, sólo alimentos, medicamentos, equipo

médico, ropa y cualquier otra cosa necesaria para nuestro trabajo, como muebles, máquinas de escribir y de coser. Pero aun así necesitamos permiso de importación. Recibimos estas cosas como regalo y todas van a parar a los pobres. Nada se destina a transacciones comerciales. Todo es para los necesitados, independientemente de su raza, credo o religión. ¡Y son muchísimas las personas necesitadas! Lo único que tenemos que hacer es declarar ante el gobierno que se trata de regalos gratuitos, y como el gobierno sabe a dónde va todo, nos dan los permisos necesarios. Son conscientes de que no nos quedamos con nada. Todo es para los más pobres de los pobres. Por eso confían en nosotras y nos dan los permisos que necesitamos.

*¿Cómo administran lo que reciben?*

Tenemos un libro de registro donde anotamos todos los gastos y todo lo que recibimos, así como el destino que se tiene que dar a esos regalos. Por ejemplo, si alguien dona cien rupias para los leprosos, ese dinero no lo utilizamos para ninguna otra cosa. Tratamos de respetar la voluntad de nuestros donantes.

*Parece que el gobierno indio está imponiendo restricciones cada vez mayores a la entrada de misioneros extranjeros. ¿De qué modo les afecta eso?*

Somos una institución india. Nuestra casa matriz está en la India. Así pues, esas restricciones no nos afectan. Al mismo tiempo, evitamos evangelizar de cualquier otra manera que no sea a través de nuestro trabajo. Nuestro trabajo es nuestro testimonio. Si alguien a quien ayudamos desea hacerse católico, le enviamos a un sacerdote. El único fin religioso de nuestro trabajo es acercar a Dios a las personas con quienes tenemos contacto.

*¿Reciben ayuda de otras personas?*

¡Ah, sí! Desde el principio hemos contado con la ayuda de otras personas. Los llamamos colaboradores. Hay muchos tipos de colaboradores, como por ejemplo, los niños de muchos países que envían sus ahorros o el dinero que recogen en campañas que realizan en favor de los niños de la India. Aunque a nosotras se nos vea mucho más, la verdad es que sería muy poco lo que podríamos hacer sin la generosa ayuda de miles y miles de colaboradores y amigos de todo el mundo.

*No todas las congregaciones religiosas han sabido mantenerse fieles al espíritu inicial en que fueron fundadas. ¿No podrían perderlo también las Misioneras de la Caridad?*

Nuestro cuarto voto nos compromete a servir gratuitamente a los más pobres de los pobres. Esto debería protegernos de ese peligro. Nuestra misión es tan clara que no puede haber malos entendidos. Los pobres saben quiénes son y dónde están. Ellos son la razón de ser de nuestra congregación y de nuestro trabajo. En Cristo, ellos son el motivo de que existamos.

*¿Le ha tentado alguna vez la idea de trabajar entre los ricos, donde todo resultaría más fácil?*

Los pobres son la razón de nuestra existencia. Nacimos para ellos y nos consagramos sólo a ellos, sin ninguna tentación de desviarnos.

*¿Intentan predicar algún mensaje religioso especial a través de su trabajo?*

El amor no tiene ningún otro mensaje fuera del suyo propio. Cada día tratamos de vivir el amor de Cristo de un modo muy palpable, en cada uno de nuestros actos. Si predicamos algo lo hacemos con hechos, no con palabras. Ese es nuestro testimonio del evangelio.

*¿Se sienten amadas por la gente?*

Sí, en general, aunque las condiciones extremas en que viven muchas de las personas con las que trabajamos les impiden ver nuestro amor incondicional. Se dan cuenta de que vivimos entre ellos y como ellos en la pobreza. Eso lo valoran muchísimo. De todos modos, no todo es paz. A veces se producen estallidos de celos o impaciencia cuando no podemos darles todo lo que necesitan o piden, o cuando ven que les damos las cosas que ellos necesitan a otros que aún están más necesitados. Cuando eso ocurre, sabemos que es inútil tratar de razonar con ellos en ese momento. Lo mejor es dejar que se calmen, ya que una vez que se han calmado, casi siempre cambian de actitud.

*¿Se producen conversiones al catolicismo entre las personas que reciben su ayuda?*

Sí, algunas, pero sin que nosotras tratemos de favorecerlas directamente. Con la práctica del amor cristiano nos acercamos más a Dios y tratamos de acercar a otros a Él, sin hacer ningún tipo de presión religiosa en nadie. Cuando ellos aceptan el amor aceptan a Dios, y a la inversa. Nuestro testimonio no es otra cosa que eso. Al mismo tiempo, sería un error olvidar que nos encontramos en la India, entre un pueblo orgulloso de sus tradiciones culturales y religiosas. Por ese motivo miran con desconfianza cualquier forma de proselitismo religioso.

*¿Qué contacto tienen las misioneras de la caridad con sus familias?*

Una vez que nos consagramos al servicio de los pobres, ellos se convierten en nuestra familia. Naturalmente, no negamos nuestra conexión sanguínea con nuestras familias biológicas, pero el contacto con ellas es muy limitado. Sólo vamos a casa en circunstancias extraordinarias, como por ejemplo antes de dejar el país para ir a una misión en el extranjero. Simplemente no podemos hacerlo, en primer lugar debido a nuestra pobreza, pues no tenemos dinero para gastarlo en viajes, y en segundo, porque ninguna puede abandonar su puesto de servicio y atención a los enfermos, moribundos, leprosos y huérfanos cuando no tienen a ninguna otra persona que los cuide.

*¿Qué opina de recibir premios?*

Lo mismo de siempre: no me los merezco. Los acepto de buena gana, no sólo para agradecer la amabilidad de quienes los dan, sino porque pienso en lo que esos premios pueden significar para nuestros pobres y nuestros leprosos. Creo que esos premios contribuyen muchísimo a que la gente se incline favorablemente hacia el trabajo que hacemos las Misioneras de la Caridad entre los más pobres de los pobres.

## OH, JESÚS

*Tú que sufres, concédeme que hoy y cada día sea capaz de verte en la persona de tus enfermos, y que ofreciéndoles mi atención te sirva a Ti.*

*Concédeme que, aunque estés oculto bajo el feo disfraz de la rabia, el delito o la locura, pueda reconocerte y decirte «Jesús, tú que sufres, qué dulce es servirte».*

*Dame, Señor, la visión de la fe y mi trabajo nunca será monótono; encontraré alegría en atender los pequeños caprichos y deseos de todos los pobres que sufren.*

*Querido enfermo, me eres aún más amado porque representas a Cristo. ¡Qué privilegio se me concede al poder cuidar de ti!*

*Oh, Dios, puesto que eres Jesús que sufre, dígnate ser también para mí un Jesús paciente, indulgente con mis faltas, que sólo ve mis intenciones, que son amarte y servirte en la persona de cada uno de estos hijos tuyos que sufren.*

*Señor, aumenta mi fe. Bendice mis esfuerzos y mi trabajo, ahora y siempre.*

MADRE TERESA

## ALGO HERMOSO POR DIOS

Entra conmigo en un mundo de pobreza,
en una tierra donde los hombres mueren sin cesar,
en un mundo sin humanidad.

¿No ves que se están muriendo de hambre?
¿Dónde está tu caridad?

Ríen y lloran, estas personas son iguales que tú
y que yo,

necesitan ayuda, no sólo lástima.

### CORO:

Enseña a cada uno algo hermoso para Dios,
algo hermoso para expresar tu amor,
algo hermoso para Dios
algo hermoso para expresar tu amor.

Pasa el día, y la noche es larga para todos,
un niño llora, quizá viva para ver el sol,
pero sabe que tal vez la mañana no llegue.

En todo el mundo nuestros hermanos viven en la
pobreza,

están en todas partes, si tenemos ojos para
verlos;

así que mira a tu alrededor y encuentra tu cordura,

demuestra a los hombres el amor que Él te ha demostrado,

y alimenta a Sus corderos como Él te ha alimentado,

Él los ama tanto como te ama a Ti.

MADRE TERESA

*La Madre Teresa: Resumen biográfico*

*He ahí a tu Madre.*

JESÚS, Juan 19:26

Nacida en el sureste de Europa en 1910, Agnes Gonxha Bojaxhiu (Madre Teresa) se hizo monja entre las masas de indigentes de los barrios pobres de Calcuta. Con el tiempo, su obra se amplió hasta abarcar todas las naciones y ella se convirtió en una de las mujeres más conocidas y respetadas del mundo. Receptora de muchos galardones, entre ellos el Premio Nobel de la Paz y el Templeton Award for Progress in Religion, ha tratado personalmente con papas, presidentes y personalidades de la realeza. Pero jamás ha vacilado a la hora de cumplir las tareas más humildes, ya que uno de los temas de los que habla constantemente es de la necesidad de humildad. En la actualidad hay más de cuatro mil hermanos y hermanas religiosos repartidos en las

107 casas fundadas por las Misioneras de la Caridad en diversas partes del mundo.

La descripción que hace el salmista de los seguidores fieles de Dios define perfectamente a la Madre Teresa: «Plantados en la casa del Señor, florecerán en los atrios de Dios. Fructificarán aun en la senectud, y estarán llenos de savia y vigor, para anunciar cuán recto es el Señor, mi Roca, en el que no hay iniquidad». (Salmo 92:14-16)

∞∞

16 de agosto de 1910: Nace en Skopje, capital de la república albana de Macedonia, la tercera y última hija de Nikolle Bojaxhiu y Drana Bernai, casados en 1900, que un día sería conocida como la Madre Teresa. Su hermana Aga nació en 1905, y su hermano Lazar en 1907.

27 de agosto de 1910: La niña es bautizada en la iglesia parroquial del Sagrado Corazón de Jesús con el nombre de Gonxha (Agnes). Sus padres son devotos católicos, especialmente su madre.

1919: Nikolle Bojaxhiu muere de un aparente envenenamiento después de asistir a un mítin político. Era concejal municipal y tenía firmes convicciones nacionalistas.

1915-1924: Agnes tiene una infancia muy feliz. Junto con sus hermanos asiste a la escuela pública. Le va bien en los estudios, aunque su salud es delicada. También asiste a clases de catecismo en la parroquia, y pertenece al coro y a la organización juvenil llamada Hijas de María. Muestra un especial interés en leer sobre los misioneros y vidas de santos.

&#9901;

La Madre Teresa resume así su vida familiar durante su infancia y adolescencia:

—Estábamos muy unidos, sobre todo después de la muerte de mi padre. Vivíamos los unos para los otros y nos esforzábamos muchísimo en hacernos felices. Éramos una familia muy unida y feliz.

Lazar, el único varón, comenta la vida religiosa de su madre y hermanas:

—Vivíamos justo al lado de la iglesia parroquial

del Sagrado Corazón de Jesús. A veces daba la impresión de que mi madre y mis hermanas se pasaban tanto tiempo en la iglesia como en la casa. Siempre estaban metidas en el coro, los servicios religiosos y los temas misioneros.

Sobre la generosidad de su madre, Lazar comentó:

—Jamás permitía que ninguno de los muchos pobres que venían a llamar a la puerta se marchara con las manos vacías. Cuando la mirábamos con extrañeza nos decía: «Tened presente que aunque estas personas no sean parientes y sean pobres, aun así son nuestros hermanos».

⌖

A los doce años Agnes siente su primera llamada a la vida religiosa y misionera, llamada que permanece latente durante varios años. Mientras tanto continúa siendo miembro activo de las Hijas de María. Con el aliento de los curas de la parroquia, que eran jesuitas, se interesa cada vez más por los temas misioneros. Su hermano Lazar marcha a Austria para estudiar en una academia militar con la intención de convertirse en oficial de caballería.

1928: Su interés por las obras misioneras se ve confirmado por una clara llamada a la vida religiosa cuando está orando ante el altar de la Patrona de Skopje: «Nuestra Señora intercedió por mí y me ayudó a descubrir mi vocación». Con la orientación y ayuda de un jesuita yugoslavo, solicita la admisión en la Congregación de las Hermanas de Nuestra Señora de Loreto (las comúnmente llamadas Damas Irlandesas), fundada por Mary Ward en el siglo XVI. Agnes se siente atraída por el trabajo misionero de esta congregación en la India.

26 de septiembre de 1928: Admitida provisionalmente, emprende su viaje a Dublín, viajando en tren por Yugoslavia, Austria, Suiza, Francia e Inglaterra hasta llegar a la casa matriz de las Hermanas de Nuestra Señora de Loreto.

1 de diciembre de 1928: Después de recibir unos cursillos intensivos de inglés durante dos meses, Agnes emprende el viaje en barco hacia la India, a donde llega el 6 de enero de 1929. Tras pasar una semana en Calcuta la envían a Darjeeling, en las laderas del Himalaya, para comenzar su noviciado.

24 de mayo de 1931: Tras los dos años de noviciado, Agnes hace la profesión de votos temporales
como Hermana de Nuestra Señora de Loreto, y
cambia su nombre por el de Teresa.

—Elegí el nombre de Teresa para mis votos religiosos, en memoria no de la gran Teresa de Ávila
sino de Teresa de la Florecilla, Teresa de Lisieux.

1931-1937: Después de profesar sus votos temporales, la hermana Teresa vive en Calcuta y ejerce
de profesora de geografía e historia en el Colegio de
St. Mary, dirigido por las Hermanas de Nuestra Señora de Loreto.

24 de mayo de 1937: Tras renovar varias veces
sus votos temporales, la hermana Teresa profesa sus
votos perpetuos como Hermana de Nuestra Señora
de Loreto, para convertirse finalmente en directora
de estudios en el colegio St. Mary. La Madre Teresa
resume así su vida en la congregación religiosa:

—Era la monja más feliz de Loreto. Me dedica-
ba a la enseñanza. Realizado por el amor de Dios,
ese trabajo era un verdadero apostolado. Me gustaba
muchísimo.

10 de septiembre de 1946: Dios la llama a servir a los pobres. Fue, según ella misma lo denomina, un «día de inspiración»:

—Mientras oraba en silencio en el tren que me llevaba de Calcuta a Darjeeling para participar en un retiro espiritual, sentí claramente una llamada dentro de mí. El mensaje fue muy claro. Tenía que dejar el convento y consagrarme a ayudar a los pobres y a vivir entre ellos. Fue una orden. Supe que tenía que ir, pero no sabía cómo llegar hasta allí.

1948: Se produce la difícil y dolorosa marcha de la hermana Teresa del convento de las Hermanas de Nuestra Señora de Loreto. Para hacerlo necesita, después de llegar a un acuerdo con su congregación religiosa, un permiso especial de Roma. Finalmente le conceden el permiso para vivir como monja fuera del convento, y lo abandona el 16 de agosto. Después de quitarse el hábito religioso y ponerse un sari blanco como los que usan las mujeres más pobres de la India, con una orla azul que simboliza su deseo de imitar a la virgen María, se marcha de Calcuta para hacer un curso acelerado de tres meses de enfermería elemental. Una vez acabado, vuelve de nuevo para poner en práctica su deseo de consagrarse a servir a los más pobres de los pobres en los barrios bajos de Calcuta. Ese año también solicita, y se le concede, la ciudadanía india.

19 de marzo de 1949: Llega la primera seguidora de la Madre Teresa. Inesperadamente la visita Subashini Das, una antigua alumna suya, que desea unirse a ella. Será la primera monja de una congregación religiosa que aún no existe.

10 de julio de 1950: En Roma autorizan la Congregación de Misioneras de la Caridad. Otras jóvenes siguen a Subashini Das con prometedora rapidez. Según explica la Madre Teresa:

—Después de 1949 vi cómo llegaba una chica tras otra. Todas habían sido alumnas mías. Deseaban darlo todo a Dios y tenían prisa por hacerlo.

7 de octubre de 1950: El día de la fiesta de Nuestra Señora del Rosario, llega de Roma la autorización para la Congregación de las Misioneras de la Caridad. Diez mujeres comienzan su noviciado, que dura dos años.

1952: Se abre la casa para indigentes moribundos. Ya son casi treinta las mujeres de la congregación, de las cuales doce han hecho sus votos perpetuos. Otras doce son novicias y el resto postulantes. Las hermanas todavía no tienen un convento propio. Se «alojan» en un piso alquilado, donado por Michael Gomes. A la vez que atienden a los niños abandonados de los barrios pobres y a los enfermos e indigentes moribundos, se dedican también a ampliar sus estudios y a formarse en el campo religioso. La Madre Teresa consigue adquirir una casa para los indigentes en Kalighat, templo hindú situado en el centro de Calcuta. La casa se abre el 22 de agosto, fiesta de María Inmaculada e inmediatamente se llena, lo que siempre se repetirá a lo largo de los años, a pesar de las continuas «altas» (siempre hay nuevas admisiones). La casa se llama Nirmal Hriday, que quiere decir «Hogar del Corazón Puro», nombre aceptable para los hindúes, que son en su mayoría los que acuden a la casa.

1953: Se funda la casa matriz de las Misioneras de la Caridad. Después de «atormentar» a los cielos con constantes oraciones, las misioneras logran comprar en la 54 Lower Circular Road en Calcuta una casa para convertirla en convento. La casa está bien situada para sus necesidades y es temporalmente espaciosa; con el tiempo se convertirá en el centro principal de las Misioneras de la Caridad. En la misma calle, las hermanas alquilan, y después compran, una casa para alojar a los niños huérfanos y abandonados, muchos de cuyos padres habían muerto en la casa para indigentes moribundos. Al principio las hermanas desean abrir también una casa para los leprosos a los que atienden, pero debido a la oposición de la población en general, se decantan por las «clínicas móviles». Más tarde conseguirán abrir, en las afueras de Calcuta, centros de rehabilitación autosuficientes para este tipo de enfermos; son los llamados Titagahr y Shanti Nagar.

1962: La Madre Teresa es honrada con el galardón Padna Sri (Orden del Loto), otorgado por el gobierno indio, y el galardón Magsaysay, de la Organización del Tratado del Sudeste de Asia (SEATO). A pesar de ser una personalidad en Asia, en Occidente apenas se la conoce.

I de febrero de 1965: Las Misioneras de la Caridad reciben más galardones. Después de quince años de existencia su crecimiento y expansión es extraordinaria. La congregación cuenta ya con cerca de 300 hermanas, muchas procedentes de diferentes países de Europa, y varias casas. Todas las casas abiertas están en la India bajo la jurisdicción de los obispos católicos locales. Con el respaldo de varios obispos, el papa Pablo VI decreta la validez digna de elogio de las misioneras, otorgando a la congregación «validez» para el resto de la Iglesia Católica. Este decreto, junto con la invitación del arzobispo de Barquisimeto (Venezuela) para que se abra una casa en su archidiócesis, permite a las misioneras expandir su trabajo.

1965-1971: Se abren nuevas casas en el mundo. La de Venezuela es la primera «en el extranjero», pero durante los años siguientes se inauguran otras en África, Australia (Melbourne y Adelaida) y Europa (en Inglaterra e Italia), en respuesta a las invitaciones hechas por los obispos católicos de estos países. Se funda la primera casa de las Misioneras de la Caridad en Roma por invitación expresa del papa

Pablo VI, obispo de Roma, admirador y benefactor de la obra de la Madre Teresa, a la que otorga la ciudadanía vaticana para facilitarle sus viajes misioneros. En 1971, las misioneras tienen 15 casas.

3 de marzo de 1969: El papa Pablo VI aprueba los estatutos para los Colaboradores de modo que estos quedan oficialmente afiliados a las Misioneras de la Caridad.

26 de marzo de 1969: Se establecen oficialmente los Colaboradores de las Misioneras de la Caridad. Los Colaboradores de la Madre Teresa, organización internacional de hombres y mujeres laicos, se convierten en una realidad espiritual y en un elemento importante favorecedor del trabajo de las misioneras. Es difícil, por no decir imposible, calcular su número, debido a su constante aumento. Ha habido Colaboradores desde que se fundó la congregación.

Años setenta: La Madre Teresa recibe importantes premios internacionales. La pluma y el micrófono del periodista británico Malcolm Muggeridge la hacen famosa en Occidente, no sólo en los círculos católicos sino también en la sociedad en general. A raíz de todo ello, le otorgan el Premio Buena Samaritana de Estados Unidos, el premio Templeton para el Progreso en Religión, de Inglaterra, y el Premio Papa Juan XXIII de la Paz, del Vaticano.

12 de julio de 1972: Muere en Albania la madre de la Madre Teresa, Drana Bernai. Antes de morir, su madre pidió salir de Albania para poder ver a su hija y a su hijo, que reside en Sicilia. El gobierno albano le negó el permiso para abandonar el país.

1974: Muere en Albania la única hermana de la Madre Teresa, Aga Bojaxhiu, sin poder ver a su hermana ni a su hermano.

17 de octubre de 1979: Se le concede a la Madre Teresa el premio internacional más importante: el Nobel de la Paz. Esto no altera en lo más mínimo su habitual simplicidad y humildad.

10 de diciembre de 1979: La Madre Teresa recibe el Nobel de la Paz de manos del rey Olaf V de Noruega, en nombre de los pobres a quienes representa y a los cuales ha dedicado su vida.

1980-1985: Las Misioneras de la Caridad abren muchas casas nuevas y son bendecidas con nuevas vocaciones. En 1980 hay 14 casas fuera de la India, en lugares tan alejados los unos de los otros como Líbano, Alemania Occidental, Yugoslavia, México, Brasil, Perú, Kenia, Haití, España, Bélgica, Nueva Guinea y Argentina. Después del Premio Nobel, la expansión de las misioneras es sorprendente: se abren 18 nuevas casas en 1981, 12 en 1982 y 14 en 1983. También aumentan las vocaciones, bendición que convierte a esta congregación en un caso excepcional, debido a la disminución general que se observa en el número de vocaciones religiosas.

1986-1989: La congregación entra en países que antes habían permanecido cerrados a los misioneros. Así, se abren casas en Etiopía y Yemen del Sur. También en Nicaragua, Cuba y Rusia, donde el estado promueve activamente el ateísmo. En el caso de la Unión Soviética, uno de los frutos de la «perestroika» de Mijaíl Gorbachov es la autorización a la Madre Teresa para abrir una casa en Moscú.

Febrero de 1986: El papa Juan Pablo II viaja a

Calcuta, donde visita a la Madre Teresa y ve con sus propios ojos el trabajo de las Misioneras de la Caridad.

21 de mayo de 1988: Las Misioneras de la Caridad abren un refugio para gente sin hogar en Roma, en el Vaticano, con el nombre de «Regalo de María» para conmemorar el Año Mariano. La casa tiene 70 camas y dos comedores, uno para residentes y el otro para las personas que van de paso. También tiene una sala de estar, una enfermería y un patio que da a la sala de audiencias del papa Pablo VI.

1988-1989: La Madre Teresa es hospitalizada dos veces por problemas cardiacos. No es la primera vez que se ha excedido en su trabajo hasta caer en un agotamiento físico. Incluso el Papa le pide que cuide mejor de su salud. Los médicos le ponen un marcapasos y le ordenan que se tome seis meses de descanso.

16 de abril de 1990: La mala salud es el principal motivo de que la Madre Teresa deje su puesto de Superiora General de su congregación. Aliviada de

sus responsabilidades, dedica más tiempo a viajar y a visitar diversas casas de hermanas.

Septiembre de 1990: Aunque ya tiene ochenta años y su salud no mejora, es llamada de su retiro y reelegida Superiora General de las Misioneras de la Caridad.

Enero de 1991: La Madre Teresa apela a dos jefes de estado para evitar la Guerra del Golfo. Los presidentes George Bush y Saddam Hussein reciben su apasionada súplica en favor de «los inocentes» poco tiempo antes de que estalle la guerra. Dos equipos de hermanas viajan a Bagdad para atender a los discapacitados.

1991-1993: Empeora la salud de la Madre Teresa. Su debilitado corazón le provoca un colapso en Tijuana (México) y, más tarde otro en Delhi (India). A pesar del sufrimiento, se reanima cuando la invitan a volver a Pekín en octubre de 1993.

30 de agosto de 1993: Su desmejorada salud la impulsa a ordenar que sólo aquellas personas que

trabajan directamente con la congregación pueden continuar llamándose Colaboradores. Todos los demás, que ya no están unidos formalmente a las Misioneras de la Caridad, se dispersan.

3 de febrero de 1994: Desayuno de Oración Nacional, Washington, D.C. Acompañada por el presidente Clinton y su esposa y el vicepresidente Gore y su esposa, la Madre Teresa habla a miles de personas que escuchan embelesadas su mensaje en defensa de la vida y de la paz. Después el presidente le agradece «su vida de compromiso», compromiso, dice, que ella ha «vivido de verdad».

Abril de 1996: La Madre Teresa es ingresada en el hospital de Calcuta afectada de malaria. La fiebre agrava su trastorno cardiaco y el prolongado uso de un respirador le provoca una infección en los pulmones. Después de darle de alta e ingresarla varias veces, se le permite volver a su trabajo.

Octubre de 1996: El presidente Bill Clinton firma una ley por la que se nombra a la Madre Teresa ciudadana honoraria de Estados Unidos. En el momento de estampar su firma, Clinton dice que la Madre Teresa ha «llevado esperanza y amor a las vidas de millones de niños huérfanos y abandonados de todo el mundo».

Marzo de 1997: Sor Nirmala es elegida como sucesora de la Madre Teresa.

Junio de 1997: El Congreso de los Estados Unidos le otorga a la Madre Teresa la *Congressional God Medal of Honor*.

Septiembre de 1997: La Madre Teresa sufre un ataque cardíaco y fallece serenamente en su casa en Calcuta. A los muchos que le habían pedido que disminuyera sus actividades y que tratara de descansar más, ella siempre les respondía, "Tengo una eternidad para descansar".

— Que descanses en paz.

෴

Si le ha gustado *El amor más grande*, permítanos recomendarle los siguientes libros en versión española publicados por New World Library:

*El camino de la abundancia: La riqueza en todos los campos de la conciencia y de la vida.* En este libro formidable Deepak Chopra explora el significado más amplio de la riqueza en todos los campos de la conciencia, y ofrece un abecedario de pasos diarios y acciones cotidianas que engendran espontáneamente la riqueza en todas sus formas.

*Las siete leyes espirituales del éxito: una guía práctica para la realización de tus sueños.* En este libro de éxito internacional, Deepak Chopra destila y afina la esencia de su doctrina, reduciéndola a siete principios sencillos pero poderosos, los cuales se pueden emplear para engendrar el éxito en todos los campos de la vida.

*Visualización creativa.* Esta obra, que se publicó primero en inglés desde hace 20 años y que goza de una popularidad ininterrumpida, abrió nuevos caminos en el campo de la mejora personal. Su mensaje sigue siendo hoy tan acertado y poderoso como siempre.